Management und Controlling im Mittelstand

Reihenherausgeber

Wolfgang Becker
Patrick Ulrich
Otto-Friedrich-Universität Bamberg
Deutschland

Weitere Bände in dieser Reihe
http://www.springer.com/series/13362

Ziel der Reihe „Management und Controlling im Mittelstand" ist es, die Gesamtheit der mittelstandsorientierten Betriebswirtschaftslehre abzubilden. Sie folgt der Maxime „a small business is not a little big business" (Welsh/White), nach der mittelständische Unternehmen bedarfsgerechte Konzepte benötigen. Die Reihe strebt die Generierung fundierter, praxisnaher, aber auch theoretisch auf State-of-the-Art-Niveau stehender wissenschaftlicher Erkenntnisse an, die dem Mittelstand auch im Forschungsbereich eine Bedeutung verschaffen sollen, die er aufgrund seiner volkswirtschaftlichen Stellung schon lange verdient. Diese Erkenntnisse sollen dann in konkrete Managementkonzepte und -instrumente überführt werden. Die Konkretisierung dieser Zielsetzung besteht darin, zunächst eine mittelständische Problemlandkarte zu entwerfen, die von den gegenwärtigen und zukünftigen Erfolgsfaktoren mittelständischer Unternehmen ausgeht. Auf dieser Basis sollen gegenwärtige Erfolgsfaktoren analysiert, zukünftige Erfolgsfaktoren identifiziert und Handlungsempfehlungen für die Unternehmenspraxis abgeleitet werden. Die Reihe hat einen hohen theoretischen Anspruch, ist letztlich anwendungsorientiert ausgerichtet und zudem ausdrücklich offen für neue inhaltliche und publizistische Formate. Sie nutzt die bildhafte Vermittlung als Gestaltungsinstrument und bietet zeitgemäße, wissenschaftlich solide, dabei aber verständliche und praxisorientierte Fachpublikationen.

Wolfgang Becker · Patrick Ulrich
Tim Botzkowski

Data Analytics im Mittelstand

Wolfgang Becker
Otto-Friedrich-Universität Bamberg
Bamberg
Deutschland

Tim Botzkowski
Otto-Friedrich-Universität Bamberg
Bamberg
Deutschland

Patrick Ulrich
Otto-Friedrich-Universität Bamberg
Bamberg
Deutschland

Management und Controlling im Mittelstand
ISBN 978-3-658-06562-1   ISBN 978-3-658-06563-8 (eBook)
DOI 10.1007/978-3-658-06563-8

Die Deutsche Nationalbibliothek verzeichnet diese Publikation in der Deutschen Nationalbibliografie; detaillierte bibliografische Daten sind im Internet über http://dnb.d-nb.de abrufbar.

Springer Gabler
© Springer Fachmedien Wiesbaden 2016
Das Werk einschließlich aller seiner Teile ist urheberrechtlich geschützt. Jede Verwertung, die nicht ausdrücklich vom Urheberrechtsgesetz zugelassen ist, bedarf der vorherigen Zustimmung des Verlags. Das gilt insbesondere für Vervielfältigungen, Bearbeitungen, Übersetzungen, Mikroverfilmungen und die Einspeicherung und Verarbeitung in elektronischen Systemen.
Die Wiedergabe von Gebrauchsnamen, Handelsnamen, Warenbezeichnungen usw. in diesem Werk berechtigt auch ohne besondere Kennzeichnung nicht zu der Annahme, dass solche Namen im Sinne der Warenzeichen- und Markenschutz-Gesetzgebung als frei zu betrachten wären und daher von jedermann benutzt werden dürften.
Der Verlag, die Autoren und die Herausgeber gehen davon aus, dass die Angaben und Informationen in diesem Werk zum Zeitpunkt der Veröffentlichung vollständig und korrekt sind. Weder der Verlag noch die Autoren oder die Herausgeber übernehmen, ausdrücklich oder implizit, Gewähr für den Inhalt des Werkes, etwaige Fehler oder Äußerungen.

Gedruckt auf säurefreiem und chlorfrei gebleichtem Papier

Springer Fachmedien Wiesbaden ist Teil der Fachverlagsgruppe Springer Science+Business Media
(www.springer.com)

Vorwort

Der Mittelstand gilt als das Rückgrat der deutschen Wirtschaft. Diese Aussage hat sich in den letzten Jahren auch während der Wirtschafts- und Finanzkrise bestätigt. Interessant erscheint für Wissenschaft und Praxis der Umgang des Mittelstands mit neuen Technologien, die das Verhalten von Anbietern und Kunden auf Märkten verändern können.

In diesem Kontext kursieren mit Industrie 4.0, Digitalisierung, Data Analytics, Social Media etc. viele Begriffe und Konstrukte, die politisch diskutiert und von Verbänden und Medien auch auf die Unternehmenslandschaft übertragen werden. Gleichzeitig werden zurzeit viele Studien von Wirtschaftsforschungsinstituten und Unternehmensberatungen veröffentlicht, die dem Standort Deutschland im Bereich neuer Medien und Technologien ein gutes, wenngleich deutlich nicht sehr gutes Zeugnis ausstellen.

Die herrschende Meinung in Wissenschaft und Praxis postuliert, dass neue Technologien die Entscheidungsfindung in Unternehmen verändern werden, da in Echtzeit neue Datenquellen, neue Auswertungs- und Visualisierungsmöglichkeiten vorliegen. Die tradierte Debatte, ob denn nun intuitive oder rationale Entscheidungen besser seien, gewinnt vor diesem Hintergrund neue Brisanz. Dies trifft in besonderem Maße auf mittelständische Unternehmen zu, denen traditionell eine intuitive und schnelle „Entscheidungsfindung" aus dem Bauch heraus, zugeschrieben wird.

Das vorliegende Buch greift diese Diskussion auf. Es basiert auf einer empirischen Studie aus dem Jahr 2014, die das Entscheidungsverhalten mittelständischer Geschäftsführer und Gesellschafter vor dem Hintergrund neuer Technologien – insbesondere der Data Analytics – untersucht. Ein besonderer Schwerpunkt lag auf der Betrachtung der betrieblichen Funktionen Marketing und Vertrieb.

An dieser Stelle möchten wir uns bei einigen Mitwirkenden bedanken. Zunächst gilt unser Dank den wissenschaftlichen Mitarbeiterinnen und Mitarbeitern sowie den studentischen Hilfskräften des Lehrstuhls für BWL, insbes. Unternehmensführung und Controlling der Otto-Friedrich-Universität Bamberg, die an der Erhebung sowie Auswertung der empirischen Ergebnisse beteiligt waren. Gleichermaßen sei den Unternehmensvertreterinnen und Unternehmensvertretern für spannende Einsichten gedankt. Weiterhin möchten wir unseren Dank an die Vertreter von Springer Gabler, insbesondere unsere Lektorin Frau Anna Pietras richten, die die Idee zur Reihe Management und Controlling im Mittelstand begeisternd aufgenommen haben.

Wir hoffen, dass das Buch für Wissenschaftler wie Praktiker, Studierende wie Lehrende von Interesse ist und den Bereich der mittelstandsbezogenen Erkenntnisse um aktuelle wie relevante Ideen erweitert.

Bamberg, im August 2015   Die Autoren

Informationen zu den Autoren

Univ. Prof. Dr. Dr. habil. Wolfgang Becker ist Ordinarius für Betriebswirtschaftslehre und Inhaber des Lehrstuhls für Betriebswirtschaftslehre, insbesondere Unternehmensführung und Controlling sowie wissenschaftlicher Direktor des Europäischen Kompetenzzentrums für Angewandte Mittelstandsforschung an der Universität Bamberg. Professor Becker hat unterschiedliche Leitungsfunktionen der Universität (Dekanat, Erweiterte Universitätsleitung, Senat, Universitätsrat) ausgeübt. Derzeit ist er Mitglied des Chief Information Office der Universität Bamberg und leitet den Promotionsausschuss der Sozial- und Wirtschaftswissenschaftlichen Fakultät. Professor Becker wirkt zudem in den international ausgerichteten Executive MBA-Studiengängen der Johannes Gutenberg-Universität Mainz sowie der Friedrich-Alexander-Universität Erlangen-Nürnberg und in einem nationalen virtuellen Wirtschaftsinformatik-Studiengang der Universitäten Bamberg und Duisburg-Essen mit. Professor Becker ist zudem Mitglied im Kuratorium, Vorsitzender des Wirtschaftsbeirats und Wissenschaftlicher Leiter im CAMPUS OF EXCELLENCE, einer unter der Schirmherrschaft des Bundesbildungsministeriums stehenden Bildungsinitiative. Darüber hinaus hat er die Deutschlandrepräsentanz der schweizerischen Stiftungsinitiative „Lebenskonzept Unternehmertum" inne und ist Mitglied der Prüfungskommission der Wirtschaftsprüferkammer in Berlin. Des Weiteren ist er Gründungsgesellschafter und Beiratsvorsitzender der Scio GmbH, Erlangen. In diesem Kontext konnte er Erfahrungen als Gutachter, Berater, Trainer und Coach in unterschiedlichen Branchen des Sach- und Dienstleistungssektors gewinnen. Dazu zählen die Automobilwirtschaft, die Automobilzulieferwirtschaft, die Instandhaltungsindustrie, die Telekommunikationsbranche, die Anlagenbauindustrie, die Gas- und Wasserwirtschaft, die Verkehrs- und Logistikbranche, die medizintechnische Industrie, die Bau- und Wohnungswirtschaft, die optische Industrie sowie die Bank- und Versicherungswirtschaft. Professor Becker ist Herausgeber mehrerer wissenschaftlicher Buchreihen. Neben über 70 wissenschaftlichen Aufsätzen und Beiträgen hat er zahlreiche Monographien, Lehrbücher und Lehrmaterialien verfasst.

Dr. Patrick Ulrich ist Akademischer Rat und Habilitand am Lehrstuhl für Betriebswirtschaftslehre, insbesondere Unternehmensführung und Controlling sowie Projektleiter des genannten Kompetenzzentrums.

Tim Botzkowski ist Wissenschaftlicher Mitarbeiter und Doktorand am Lehrstuhl für Betriebswirtschaftslehre insbesondere Unternehmensführung und Controlling sowie am genannten Kompetenzzentrum.

Inhaltsverzeichnis

1	**Einleitung**	1
2	**Executive Summary**	3
3	**Theoretische Grundlagen**	5
	3.1 Mittelstand	5
	3.2 Entscheidungen	8
	3.2.1 Entscheidungsnotwendigkeit	8
	3.2.2 Entscheidungsmerkmale	8
	3.2.3 Unternehmensziele als Beurteilungsgrundlage von Alternativen	11
	3.2.4 Entscheidungsprozess	12
	3.3 Zusammenhang zwischen Entscheidungen und Informationen	14
	3.3.1 Informationsebenen	14
	3.3.2 Informationsannahmen	15
	3.4 Information und Data Analytics	17
	3.4.1 Aussagen über die Gegenwart	20
	3.4.2 Aussagen über die Vergangenheit	21
	3.4.3 Aussagen über Zukunft	21
	3.5 Bisherige Befunde	22
	3.5.1 Großunternehmen	22
	3.5.2 Mittelstand	27
	Literatur	28
4	**Forschungsmethodik**	31
	4.1 Forschungsdesign	31
	4.2 Erhebungsmethoden	34

4.3	Ablauf der Datenerhebung	37
4.4	Methoden der Datenanalyse	38
Literatur		39

5 Charakterisierung der Probanden 41
- 5.1 Rechtsformen 41
- 5.2 Branche 41
- 5.3 Umsatz 43
- 5.4 Mitarbeiter 44
- 5.5 Niederlassungen 46
- 5.6 Größenklassen 47
- 5.7 Position und funktionale Zuordnung der Befragten 48
- 5.8 Kontrastierungsbasen 49
- Literatur 50

6 Führungsstruktur 51
- 6.1 Leitungsgremium 51
- 6.2 Aufsichtsgremium 53
- 6.3 Anteilseigner 55

7 Rahmenbedingungen 59
- 7.1 Status Quo der Entscheidungs- und Datensituation in Unternehmen 59
- 7.2 IT-Situation im Unternehmen 62
- 7.3 Zwischenfazit 64
- Literatur 64

8 Strategische Entscheidungsprozesse im Unternehmen 67
- 8.1 Strategieinhalt 67
- 8.2 Strategieprozess 72
- 8.3 Zwischenfazit 76
- Literatur 76

9 Entscheidungen im Top-Management 79
- 9.1 Entscheidungstypen des Top-Managements 79
- 9.2 Aufgabengebiete der Probanden 83
- 9.3 Zwischenfazit 85
- Literatur 86

10 Entscheidungen in Unternehmensfunktionen ... 87
    10.1   Systeme ... 87
    10.2   Datenqualität ... 90
    10.3   Prozessschritte ... 92
    10.4   Zwischenfazit ... 93
    Literatur ... 93

11 Entscheidungen in Marketing und Vertrieb ... 95
    11.1   Marketingplanung und -informationsgewinnung ... 96
    11.2   Produktplanung ... 101
    11.3   Preispolitik ... 105
    11.4   Distributionspolitik ... 108
    11.5   Kommunikationspolitik ... 114
    11.6   Marketing-Controlling ... 116
    11.7   Zwischenfazit ... 119
    Literatur ... 121

12 Bewertung der Entscheidungen ... 123
    12.1   Unternehmensperformance ... 124
    12.2   Entscheidungsperformance ... 126
    12.3   Zwischenfazit ... 130
    Literatur ... 131

13 Fazit ... 133

Abkürzungsverzeichnis

CEO	Chief Executive Officer
CFO	Chief Financial Officer
EKAM	Europäisches Kompetenzzentrum für Angewandte Mittelstandsforschung
EDV	Elektronische Datenverarbeitungssysteme
EVM	Earned Value Methode
EUS	Entscheidungsunterstützungssysteme
IfM	Institut für Mittelstandsforschung Bonn
IT	Informationstechnologie
KKU	Kleinstunternehmen und kleine Unternehmen
KMU	Kleine und mittlere Unternehmen
MGU	Mittlere und große Unternehmen
MIS	Managementinformationssysteme

Abbildungsverzeichnis

Abb. 3.1	Quantitative Mittelstandsdefinition des EKAM	6
Abb. 3.2	Typologie des Mittelstands	7
Abb. 3.3	Brückenfunktion der Entscheidung	9
Abb. 3.4	Der rationale Entscheidungsprozess	13
Abb. 3.5	Informationsgrade	16
Abb. 3.6	Informationsannahmen in der Entscheidungstheorie	17
Abb. 3.7	Informationskontinuum	20
Abb. 4.1	Integration qualitativer/quantitativer Designs	32
Abb. 4.2	Ermittlung empirischer Zusammenhänge	33
Abb. 4.3	Forschung im Gegenstrom	34
Abb. 4.4	Fragebogenstruktur	37
Abb. 5.1	Rechtsform der befragten Unternehmen	42
Abb. 5.2	Branchenzuordnung [$N=70$]	42
Abb. 5.3	Gründungsjahr	43
Abb. 5.4	Umsatz der Probanden	44
Abb. 5.5	Mitarbeiteranzahl der Probanden	45
Abb. 5.6	Mitarbeiteranzahl der Probanden im Ausland	45
Abb. 5.7	Anzahl der Standorte/Niederlassungen der Befragten	46
Abb. 5.8	Anzahl der Standorte/Niederlassungen im Ausland	47
Abb. 5.9	Größenklassen antwortender Unternehmen	48
Abb. 5.10	Position der Befragten	48
Abb. 5.11	Funktionale Zuordnung	49

Abb. 6.1	Mitglieder im Leitungsgremium	52
Abb. 6.2	Prozentualer Anteil Familienmitglieder im Leitungsgremium [$N=38$]	52
Abb. 6.3	Anteil Familienmitglieder im Leitungsgremium	53
Abb. 6.4	Mitglieder im Aufsichtsgremium	53
Abb. 6.5	Prozentualer Anteil Familienmitglieder im Aufsichtsgremium [$N=19$]	54
Abb. 6.6	Anteil Familienmitglieder im Aufsichtsgremium	55
Abb. 6.7	Klassifikation der Anteilseigner	56
Abb. 6.8	Anteile der Anteilseigner	56
Abb. 7.1	Unternehmenssituation	60
Abb. 7.2	Datensituation	61
Abb. 7.3	Zufriedenheit mit den Dateneigenschaften	62
Abb. 7.4	IT-Landschaft	63
Abb. 7.5	IT-Landschaft und Unternehmensgröße	64
Abb. 8.1	Strategie-Typ	69
Abb. 8.2	Strategische Inhalte	70
Abb. 8.3	Strategische Inhalte und Unternehmensgröße	71
Abb. 8.4	Strategische Inhalte und Strategie-Typ	71
Abb. 8.5	Impulse für Strategieprozesse	72
Abb. 8.6	Impulse für Strategieprozess und Strategietyp	73
Abb. 8.7	Strategische Entscheidungen	74
Abb. 8.8	Entscheidungsverhalten Unternehmen	74
Abb. 8.9	Entscheidungsverhalten in den Unternehmen und Unternehmensgröße	75
Abb. 8.10	Entscheidungsverhalten Unternehmen und Strategie-Typ	76
Abb. 9.1	Entscheidungsverhalten des Top-Management-Teams	80
Abb. 9.2	Entscheidungsverhalten Top-Manager	81
Abb. 9.3	Big 5 – Einschätzung der Probanden im Selbstbild	83
Abb. 9.4	Priorität der Aufgabengebiete	84
Abb. 9.5	Anteiliges Zeitbudget	84
Abb. 9.6	Delegationsgrad für die Aufgabengebiete	85

Abbildungsverzeichnis XVII

Abb. 10.1	Nutzung von Systemen	88
Abb. 10.2	Nutzung von Systemen und Unternehmensgröße	89
Abb. 10.3	Datenqualität in den Unternehmensfunktionen	90
Abb. 10.4	Datenqualität in den Unternehmensfunktionen und Unternehmensgröße	91
Abb. 10.5	Prozess der Datengewinnung [$N=28$]	93
Abb. 11.1	Akteure der Marketing-/Vertriebsentscheidungen	97
Abb. 11.2	Bedeutung der Aspekte der Marketing-/Vertriebsplanung	98
Abb. 11.3	Bedeutung der Aspekte der Marketing-/Vertriebsplanung	99
Abb. 11.4	Nutzung von Datenquellen	100
Abb. 11.5	Nutzung von Datenquellen und Unternehmensgröße	101
Abb. 11.6	Entscheidungsinhalte der Produktpolitik	102
Abb. 11.7	Entscheidungsinhalte der Produktpolitik und Unternehmensgröße	103
Abb. 11.8	Einflusskriterien auf das Produktportfolio	104
Abb. 11.9	Aspekte von Preisentscheidungen	106
Abb. 11.10	Entscheidungsverhalten in der Preispolitik	107
Abb. 11.11	Entscheidungsverhalten in der Preispolitik und Unternehmensgröße	107
Abb. 11.12	Entscheidungsverhalten in der Distributionspolitik	109
Abb. 11.13	Entscheidungsverhalten in der Distributionspolitik und Unternehmensgröße	110
Abb. 11.14	Schwerpunkt im Rahmen der Distributionspolitik	111
Abb. 11.15	Schwerpunkt im Rahmen der Distributionspolitik und Unternehmensgröße	111
Abb. 11.16	Schwerpunkt im Rahmen der Distributionspolitik und Strategie-Typ	112
Abb. 11.17	Maßnahmen im Kundenbeziehungsmanagement	113
Abb. 11.18	Intensität des Kundenaustauschs	113
Abb. 11.19	Entscheidungsverhalten in der Kommunikationspolitik	114
Abb. 11.20	Entscheidungsverhalten in der Kommunikationspolitik und Unternehmensgröße	115
Abb. 11.21	Existenz eines Marketing-Controllings [$N=70$]	116
Abb. 11.22	Existenz eines Marketing-Controllings und Unternehmensgröße	117

Abb. 11.23	Existenz eines Marketing-Controllings und Strategie-Typen	118
Abb. 11.24	Instrumente des Marketing-Controllings	119
Abb. 11.25	Zufriedenheit mit Entscheidungen	120
Abb. 11.26	Zufriedenheit und Unternehmensgröße	121
Abb. 12.1	Unternehmensperformance	125
Abb. 12.2	Zufriedenheit mit der Entscheidungsqualität	127
Abb. 12.3	Häufigkeit der Falsch-Entscheidungen	128
Abb. 12.4	Nachholbedarfe	129
Abb. 12.5	Nachholbedarfe nach Unternehmensgröße	129
Abb. 12.6	Budget für verschiedene Maßnahmen	130

Einleitung

Für immer mehr Unternehmen erlangt die Fähigkeit, ständig wachsende **Datenmengen** zu verarbeiten, analysieren, visualisieren und schließlich die richtigen Schlüsse aus dem vorhandenen Datenmaterial zu ziehen, höchste Priorität. Daten aus der Produktion, dem Internet und von Kunden bilden die Voraussetzung für vorausschauende **Entscheidungen** in Bezug auf Aktionen und Maßnahmen. Die aus den Daten gewonnenen Informationen spielen nicht nur eine zentrale Rolle im Rahmen der Umsetzung strategischer Ziele, sondern auch in der Beurteilung der Erreichung selbiger. Megatrends wie Big Data, Data Analytics, Digitalisierung oder Industrie 4.0 haben darüber hinaus Auswirkungen auf die Entscheidungsfindung.

Unzureichende **Datenqualität** verursacht hohe Kosten und verfälscht Analyseergebnisse. Mittelständische Unternehmen sind hier besonders betroffen, denn Fehlentscheidungen können aufgrund der begrenzten Ressourcenbasis nur schwer kompensiert werden. Die Datenmenge erfordert eine Unterstützung der **Entscheidungsfindung** – allerdings nicht nur durch Informationstechnologien, sondern auch durch den Menschen. Die formalisierte Informationsgewinnung und die darauf basierende Bewusstseinsbildung wird bei effizienter und effektiver Ausführung zum Wettbewerbsvorteil für den Mittelstand und trägt in vielen Fällen zum wirtschaftlichen Erfolg der Unternehmen bei.

Zur sinnvollen Unterstützung der Entscheidungsfindung in mittelständischen Unternehmen sollten idealtypisch sämtliche für eine spezifische Entscheidung relevanten **Informationen** zur Verfügung stehen. Deren Aufbereitung, Sammlung und Richtigkeit sind Anforderungen und Herausforderungen einer immer weiter zunehmenden Datenmenge. Insbesondere Entscheidungen in Marketing und Vertrieb benötigen als Grundlage belastbare Informationen und die notwendige Erfahrung für die richtige Entscheidung. Die Intuition kann als entscheidender Faktor die Entscheidungsfindung gerade in mittelständischen Unternehmen komplettieren, da mittelständische Entscheidungsträger häufig flexibler sind und intuitiv „richtig" entscheiden.

Mit dem **vorliegenden Buch** wollen die Autoren insbesondere die Entscheidungsfindung mittelständischer Unternehmen untersuchen. Im Mittelpunkt sollen dabei v.a. die Rahmenbedingungen für Entscheidungen in den Unternehmen und insbesondere in Marketing und Vertrieb stehen. Weiterhin spielen Entscheidungen in den verschiedenen Unternehmensfunktionen, insbesondere im Marketing und Vertrieb, eine zentrale Rolle.

Der **Aufbau** des Buchs ist wie folgt: Nach Einleitung und Executive Summary werden in Kap. 3 die theoretischen Grundlagen gelegt. In Kap. 4 wird die Forschungsmethodik beschrieben. Kapitel 5 charakterisiert die Stichprobe der Untersuchung. Nach einer Untersuchung der Führungsstruktur in Kap. 6 thematisieren die Kap. 7 bis Kap. 12 einzelne Teilbereiche der Data Analytics im Mittelstand. Das Buch schließt in Kap. 13 mit einem Fazit ab.

Executive Summary 2

Insgesamt wurden im Rahmen der diesem Buch zugrundeliegenden empirischen Erhebung 1750 Fragebögen verschickt; die Rücklaufquote beträgt dabei 4% (70 Probanden). Die Stichprobe weist insgesamt eine hohe Heterogenität auf. Eine Vielzahl verschiedenster Rechtsformen und Branchen, in denen die befragten Unternehmen agieren, sind vertreten. Der durchschnittliche Gesamtumsatz aller in die Auswertung einbezogener Unternehmensdaten beträgt 63,1 Mio. €. Durchschnittlich beschäftigen die Probanden ca. 400 Mitarbeiter.

Insgesamt haben mehr (angestellte) Manager als Eigentümer die Beantwortung des Fragebogens übernommen. Über die Hälfte der Auskünftigen zählt zur Geschäftsführung bzw. zum Vorstand des jeweiligen Unternehmens und damit zur Gruppe der Top-Entscheider. In der Unternehmensleitung sind gemischte Strukturen vorzufinden, darunter reine Managergremien als auch nur Eigentümer/Gesellschafter.

Die Unternehmen stimmen in weiten Teilen der These zu, dass die Datenmenge stark zunimmt. Die Umweltkomplexität führt gleichzeitig dazu, dass Entscheidungen schneller getroffen werden müssen. Die Daten sind für diese Entscheidungen in einem Großteil der Unternehmen bereits vorhanden, es fehlt jedoch häufig an Übersichtlichkeit. Weiterhin sind die mittelständischen Unternehmen mit der Relevanz, Validität und Aktualität ihrer Daten zufrieden, mit der Integration und Objektivität weniger. Schließlich nutzt ca. die Hälfte der Unternehmen eine zentrale Datenhaltung, die sie häufig als integrierte Gesamtlösung implementiert haben.

Die Strategie-Typen im Mittelstand sind meist Defensoren, Prospectoren oder Reactoren, seltener tritt der Typ Analyzer auf. Diese Unternehmen messen insbesondere Entscheidungen zur Besetzung des Top-Managements und zur Markterweiterung eine besondere strategische Bedeutung bei. Auch werden Produkt- und Kundenportfolio-Veränderungen und der Kauf von IT-Systemen als strategische Entscheidungen wahrgenommen. Impulse für diese Entscheidungen kommen überwiegend aus der externen Unternehmensumwelt und dienen der Existenzsicherung. Getroffen werden sie überwiegend vom Top-Management-Team des Unternehmens und situativ verschieden entweder rational oder intuitiv. Von den Mitgliedern des Top-Management-Teams entscheidet der CFO am rationalsten, gefolgt vom CEO. Häufig treffen die Probanden die Entscheidungen jedoch situativ verschieden. Insgesamt treffen die Befragten durchschnittlich 28 Entscheidungen pro Woche, wovon sie 6 Entscheidungen eine strategische Bedeutung zuschreiben. Die Persönlichkeit der Antwortenden zeichnet sich durch große Verträglichkeit, Extraversion und Gewissenhaftigkeit aus. In ihren Aufgaben messen sie insbesondere der Strategie und Planung eine hohe Priorität zu, Controlling und Personalmanagement folgen dicht dahinter. Für das Controlling nehmen sich die Probanden weniger Zeit als es die Prioritätsverteilung zunächst vermuten lassen würde, dementsprechend hoch ist der Delegationsgrad in diesem Aufgabenbereich. Schließlich verwenden die Probanden mehr Zeit auf das Personalmanagement, was aufgrund der gegenläufigen Prioritätseinordnung dieses Aufgabengebietes zunächst nicht zu vermuten war.

Zusammenfassend zeigt sich, dass die Entscheidungen in den einzelnen Unternehmensfunktionen grundlegend nicht auf Anwendungssystemen fußen. Die Verbreitung dieser Systeme ist in mittelständischen Unternehmen eher rudimentär ausgeprägt, entsprechend ist es auch nicht verwunderlich, dass die Zufriedenheit mit der Datenqualität eher mittelmäßig ausfällt. Diesbezüglich differenzieren sich KKU nicht wesentlich von MGU, jedoch zeigte sich im Hinblick auf einzelne Systeme eine bevorzugte Nutzung durch KKU im Vergleich zu MGU, was jedoch nicht zu erhöhter Zufriedenheit mit der Datenqualität führt. Die geringe Resonanz auf die Frage nach den einzelnen Prozessschritten innerhalb der Datengewinnung weist wiederum auf das Vorliegen unzureichender Datenqualität hin, unabhängig von der Unternehmensgröße.

Zusammengefasst zeigt sich, dass die Entscheidungen im Marketing/Vertrieb, die zumeist vom Top-Management getroffen werden, eher rationaler Natur sind. Im Fokus steht dabei, neben der Analyse der Situation sowie der Formulierung von Zielen im Rahmen der Marketingplanung, die Produkt- sowie Preispolitik, während die anderen zwei Instrumente des Marketing-Mix, die Kommunikations- und Distributionspolitik, von untergeordneter Bedeutung sind.

Die befragten Unternehmen sind mit den getroffenen Entscheidungen überwiegend zufrieden, obwohl sich Entscheidungen im Nachhinein manchmal als falsch herausstellen. Die größten Nachholbedarfe sehen die Unternehmen überwiegend in den Prozessverbesserungen, der Bereinigung/Qualitätssicherung der internen Daten sowie dem verstärkten IT-Einsatz. Geld geben sie aber nur für Prozessverbesserungen und IT aus, die Qualitätssicherung der Daten erfolgt nicht bzw. nicht in dem Maße, wie es die vorherige Identifikation von Nachholbedarfen vermuten lässt.

Theoretische Grundlagen 3

Die wissenschaftliche Auseinandersetzung mit Entscheidungen/Data Analytics im Mittelstand setzt ein einheitliches Begriffsverständnis voraus. Daher werden im Folgenden die Begriffe Entscheidung, Information, Data Analytics und Mittelstand grundlegend erläutert.

3.1 Mittelstand

Ein Großteil der **Wertschöpfung** der deutschen Volkswirtschaft (vgl. Hausch und Kahle 2004, S. 5) wird von mittelständischen Unternehmen erwirtschaftet und ist somit auch in breiter **Öffentlichkeit** (siehe dazu das Bundesministerium für Wirtschaft und Technologie 2007) und **Wissenschaft** (vgl. Becker 2012, S. 3 ff.) ein gern diskutierter Gegenstand. Entgegen der großen, praktischen Relevanz des Themenkomplexes ist jedoch die forschungsseitige Ausgestaltung der **Mittelstandsforschung** als eher rudimentär zu bezeichnen (vgl. Becker und Ulrich 2011, S. 11). Dies zeichnet sich u. a. durch die Vielfalt ähnlicher oder synonym verwendeter Begrifflichkeiten, wie z.b. kleine und mittlere Unternehmen (KMU), Mittelstand und Familienunternehmen aus, deren **Abgrenzung** weitestgehend uneinheitlich ist (vgl. Damken 2007, S. 57 ff.).

In Deutschland existieren grundsätzlich drei verbreitete **Definitionen**, die für eine **Zuordnung** von Unternehmen zur Gruppe des Mittelstands verwendet werden können. Zum einen ist dies der Mittelstandsbegriff der *EU-Kommission* (siehe dazu die Europäische Kommission 1996, 2003) der eine rein quantitative Einteilung vorsieht, während die Definition des Mittelstandsbegriffs des *Instituts für Mittelstandsforschung (IfM) Bonn* sowohl quantitative als auch qualitative Aspekte berücksichtigt (vgl. Günterberg und Kayser 2004, S. 11). Der vorliegenden Studie liegt die Definition des *Europäischen Kompetenzzentrums für Angewand-*

Mittelstandsdefinition des EKAM		
Unternehmensgröße	Beschäftigte	Jahresumsatz
Kleinstunternehmen	bis ca. 30	bis ca. 6 Mio. EUR
Kleinunternehmen	bis ca. 300	bis ca. 60 Mio. EUR
Mittlere Unternehmen	bis ca. 3.000	bis ca. 600 Mio. EUR
Große Unternehmen	über 3.000	über 600 Mio. EUR

Abb. 3.1 Quantitative Mittelstandsdefinition des EKAM. (Quelle: entnommen aus Becker und Ulrich 2011, S. 29)

te *Mittelstandsforschung (EKAM) an der Universität Bamberg* zugrunde. Diese berücksichtigt neben den in Abb. 3.1 genannten Größenklassen auch **qualitative Merkmale**:

Eine Eingrenzung des Begriffs **Mittelstand** alleine durch quantitative oder qualitative Definitionen erweist sich als nicht hinreichend (vgl. Wallau 2005, S. 1 ff.). Deshalb wird die Betrachtung um die Aspekte *Besitz* und *Leitung* erweitert, die als Grundlage für eine **Typologisierung** mittelständischer Unternehmen dienen. Nach der Definition des *EKAM* sind fünf charakteristische **Unternehmenstypen** innerhalb des Mittelstands differenzierbar (die detaillierte Beschreibung der einzelnen Unternehmenstypen kann bei Becker und Ulrich 2011, S. 30 ff. nachvollzogen werden). Die Typologie ist in einem zweiten Schritt mit den bereits diskutierten Mittelstandskriterien zu kombinieren.

Für die **vorliegende Untersuchung** sollen insb. die drei in Abb. 3.2 dargestellten Betriebstypen Eigentümer-Unternehmen, Familienunternehmen und fremdgeführter Mittelstand, also der gesamte Mittelstand mit Familientradition, thematisiert werden. Diese werden dann den atypischen Unternehmensformen, also mischfinanzierten Unternehmen und Publikumsgesellschaften, gegenübergestellt.

Eine Vielzahl mittelständischer Unternehmen kann als **Eigentümer-Unternehmen** klassifiziert werden. Diese Unternehmen besitzen hinsichtlich ihrer Leitungs- und Besitzstruktur besondere Merkmale. Sowohl Besitz als auch Leitung können eindeutig einer Einzelperson zugeordnet werden. Bezüglich dieses Unternehmenstyps sind insbesondere die **Auswirkungen** der vorliegenden Besitz- und Leitungsstruktur auf die Ausprägung des Geschäftsmodells von Interesse. Hier besteht die Vermutung, dass persönliche Neigungen und Eigenschaften des Eigentümers das Unternehmen in besonderem Maße prägen.

Familienunternehmen weisen in Bezug auf Leitungs- und Besitzstruktur einen unmittelbaren Einfluss der besitzenden Familie auf. Oberster Entscheidungsträger

3.1 Mittelstand

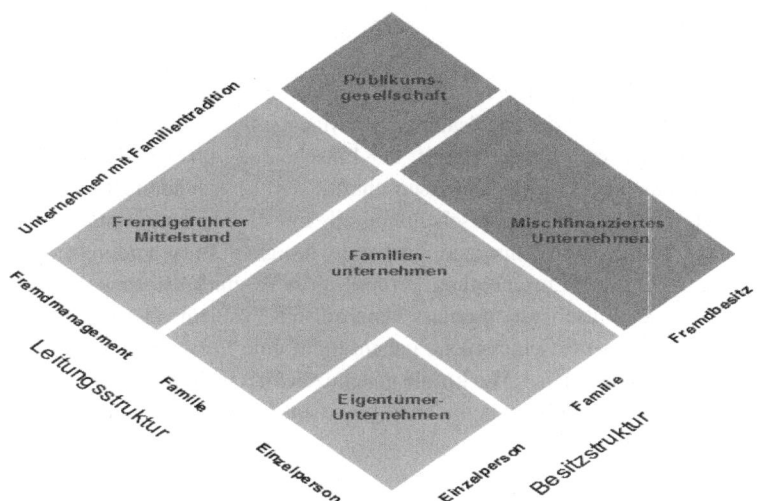

Abb. 3.2 Typologie des Mittelstands. (Quelle: entnommen aus Becker und Ulrich 2011, S. 30)

(z. B. als CEO) ist stets ein Familienmitglied – auch dann, wenn ein Fremdmanagement in der Geschäftsführung etabliert ist.

Der **fremdgeführte Mittelstand** zeichnet sich dadurch aus, dass sich das Unternehmen im Besitz einer Einzelperson oder einer Familie (mindestens zwei Personen) befindet, während die Leitung komplett an ein **externes Management** vergeben wurde. Aufgrund der zunehmenden Entfernung der Familie vom operativen Geschäft werden in Anlehnung an die quantitative Mittelstandsdefinition des EKAM nur Unternehmen bis ca. 3000 Mitarbeiter oder 600 Mio. € Jahresumsatz zu dieser Gruppe gezählt. Größere Unternehmen mit vergleichbaren Besitz- und Leitungsstrukturen sind qualitativ eher mit **Publikumsgesellschaften** vergleichbar.

Zusammenfassend ergibt sich folgende Mittelstandsdefinition des *EKAM*:

► Der Mittelstand umfasst alle Eigentümer-geführten Unternehmen und Familienunternehmen; Manager-geführte (fremdgeführte) Unternehmen bis zu einer Mitarbeiterzahl von ca. 3000 Mitarbeitern und/oder bis zu einer Umsatzgröße von ca. 600 Mio. € sowie Unternehmen, die beide Definitionsmerkmale aufweisen.

3.2 Entscheidungen

Kaum ein Begriff ist in der Vergangenheit und Gegenwart der deutschen Betriebswirtschaftslehre und in der angelsächsischen Managementlehre mehr in den Fokus des Interesses getreten als der Begriff der Entscheidung und die damit einhergehenden Domänen der (verhaltenswissenschaftlichen) Entscheidungsforschung wie bspw. Entscheidungsanlass, Entscheidungsstil, Entscheidungsunterstützung, Entscheidungszentralisation, Entscheidungsgeschwindigkeit, Entscheidungsträger etc.

Damit es zu einer Entscheidung kommt, muss es zunächst einmal eine **Notwendigkeit** (der Entscheidungsanlass kann auf ein Problem oder auf eine Innovation zurückgehen) für eine solche geben. Steht eine Entscheidung an, so kann diese anhand verschiedener **Merkmale** gekennzeichnet werden. Schließlich ist die Entscheidung als **Prozess** zu betrachten, bevor eine **Definition** abgeleitet werden kann.

3.2.1 Entscheidungsnotwendigkeit

Entscheidungsnotwendigkeiten ergeben sich weder nur für natürliche Personen noch ausschließlich für den privaten Bereich, also in Familie und Haushalt. Der Mensch wird über seine Berufstätigkeit zu einem Rollenträger in Organisationen und in Ausübung dieser Tätigkeit laufend mit Entscheidungssituationen konfrontiert, die er als Organisationsmitglied in privaten Unternehmungen oder öffentlichen Verwaltungen bewältigen muss. Da die Befassung mit Entscheidungen durch einzelne **Personen** (Individualentscheidungen) oder **Personenmehrheiten** (Kollektiv- oder Gruppenentscheidungen) in Organisationen nur Ausdruck einer **Arbeitsteilung** ist, die die Gesamtentscheidung in delegierte Teilentscheidungen zerlegt, muss es auch eine Entscheidungsnotwendigkeit für die ganze Institution „**Unternehmung**" geben (vgl. Mag 1990, S. 2).

3.2.2 Entscheidungsmerkmale

Entscheidungen machen aus **Handlungsmöglichkeiten** oder -alternativen **Handlungen**, die entweder **Aktionen** oder **Reaktionen** sein können. Durch Handlungen geben die einzelnen Personen ihren gedachten Absichten oder Interessen sinnlich wahrnehmbaren Ausdruck.[1] Die Entscheidung steht somit an der **Schnittstelle**

---

[1] Im vorliegenden Bericht werden unbewusst ablaufende oder habituelle Entscheidungsvorgänge von einer näheren Betrachtung ausgeklammert. Vgl. Gäfgen 1968, S. 22.

3.2 Entscheidungen

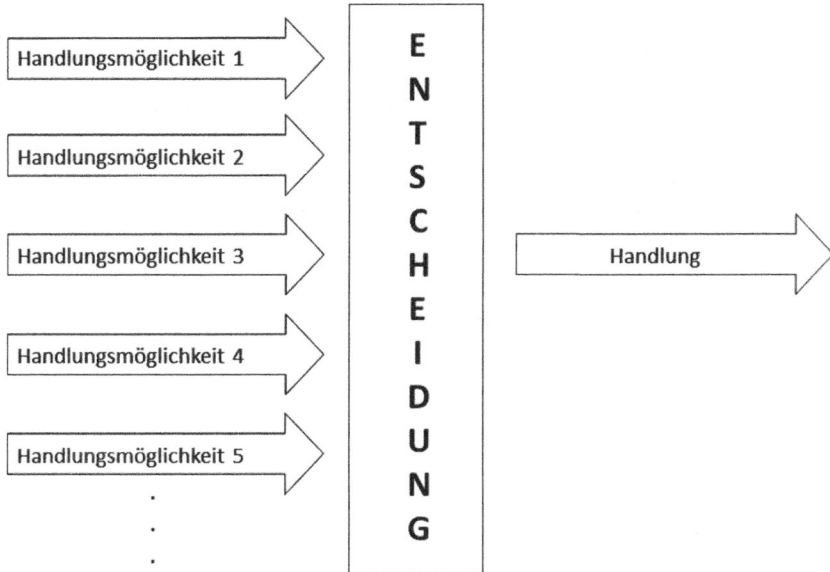

Abb. 3.3 Brückenfunktion der Entscheidung. (Quelle: in Anlehnung an Mag 1990, S. 2)

zwischen gedanklicher und realisierender Phase; sie filtert aus mehreren Handlungsmöglichkeiten eine Handlung heraus (Abb. 3.3).

Diese **Brückenfunktion** kann die Entscheidung erfüllen, weil sie sich durch ein retrogrades und ein prospektives Merkmal auszeichnet:

- Entscheiden bedeutet einerseits Auswahl, Wahl oder Selektion einer **Alternative** aus einer Menge zuvor definierter möglicher Alternativen, womit die gedankliche Phase abgeschlossen wird;
- Entscheiden bedeutet andererseits **Willensbildung** und **Willensdurchsetzung** der gewählten Alternative, womit die realisierende Phase eingeleitet wird (vgl. Mag 1990, S. 3).

In der Betriebswirtschaftslehre hat diese Art der **Einbettung** der Entscheidung in die unternehmerischen Gestaltungsfunktionen große Bedeutung erlangt: **Planung** als gedankliche Vorbereitung zukünftiger Entscheidungen, kann als Prognose- und Informationsinstrument ebenso nutzenbringend eingesetzt werden wie die Organisation (= Realisation) als **Implementierungsinstrument** für getroffene Entscheidungen. In der Kontrolle kann eine Abweichungsanalyse von Soll und Ist durchgeführt werden (vgl. Mag 1990, S. 3).

Mehrere **Fragestellungen** können mit dem Gegenstand „Entscheidung" in Verbindung gebracht werden:

- Wie sehen rationale oder optimale Entscheidungen aus? Oder: Wie sollte sich ein Entscheidungsträger bei gegebenen Ausgangstatsachen und bei vollständig definiertem Ziel entscheiden?
- Wie vollziehen sich Entscheidungen tatsächlich im Kontext einer verhaltenswissenschaftlichen Betrachtungsweise?
- Welche Entscheidungen werden durch die Unternehmensführung getroffen?
- Was sind strategische, was sind operative Entscheidungen?
- Wie ist der Entscheidungsprozess strategischer Entscheidungen ausgestaltet?
- Wie wirken sich Megatrends auf Entscheidungen aus?
- Wer sind die Entscheidungsträger und welche Rechte haben Sie?
- Wie werden Entscheidungen getroffen (rational vs. intuitiv)?
- Werden Entscheidungen eher zentral oder dezentral getroffen?
- Welche Bedeutung hat das Controlling im Rahmen der Entscheidungsvorbereitung/Entscheidungsunterstützung?
- Was ist der Entscheidungsanlass?
- Wie lange dauern strategische Entscheidungen?
- Wie kann die Qualität der Entscheidung ermittelt werden?

Sämtliche Fragestellungen haben ihre Berechtigung und sind in die Entscheidungsforschung eingeflossen: Die **präskriptive** oder **normative Betrachtungsweise** (1) in der Theorie der rationalen Entscheidung (Entscheidungslogik) befasst sich hauptsächlich mit dem Entscheidungsmerkmal „Wahl zwischen Handlungsmöglichkeiten" wohingegen die **deskriptive** oder **explikative Betrachtungsweise** (2) in der Theorie der faktischen Entscheidung (Entscheidungsverhalten) in erster Linie auf das Entscheidungsmerkmal „Willensbildung und Willensdurchsetzung" abzielt. Die verhaltenswissenschaftliche Entscheidungsforschung untersucht, wie in der Realität Entscheidungen tatsächlich getroffen werden und ist somit der deskriptiven Entscheidungstheorie zuzuordnen. Zu verdeutlichen ist, dass es sich hier nicht um zwei verschiedene Entscheidungstypen, sondern um zwei verschiedenartige Betrachtungsweisen handelt. In der Realität treten bei Entscheidungen logische und faktische Probleme stets gemeinsam auf (vgl. Mag , S. 4 f.).

Die obige Auflistung verdeutlicht, dass die aktuellen Fragestellungen der Entscheidungsforschung umfassend sind. Gleichwohl können empirisch untersuchte Fragestellungen wiederum zu neuen Fragestellungen führen, welche in weiteren Forschungsarbeiten zu behandeln sind. Die Auflistung stellt daher keinen Anspruch auf Vollständigkeit und Zeitkonsistenz, sondern zeigt aktuelle Fragestel-

3.2 Entscheidungen

lungen im Rahmen der Entscheidungsforschung. Gleichwohl sind grundsätzlich zwei Forschungsströme identifizierbar. Einerseits der präskriptive/normative Forschungsstrom, welcher rationale Entscheidungsprozesse untersucht und Normen vergeben möchte, wie Entscheidungen optimal zu treffen sind. Der verhaltenswissenschaftliche Strom versucht hingegen reale Entscheidungsprozesse zu untersuchen und fokussiert sich diesbezüglich auf Aspekte der empirisch untersuchbaren Ziele, Alternativen, Methoden der Alternativenbewertung, Entscheidungsunterstützung, Entscheidungsstil, Entscheidungsdauer etc.

3.2.3 Unternehmensziele als Beurteilungsgrundlage von Alternativen

Die präskriptive **Entscheidungstheorie** will Antwort auf die Frage geben, was ein Entscheider in unterschiedlichen Entscheidungssituationen tun soll. In diese Aufgabenstellung ist ein **Grundproblem** eingeschlossen, dass die Entscheidungstheorie nur dann Rat erteilen kann, wenn ein Entscheider gewisse **Zielvorstellungen** hat, mit deren Hilfe er die Konsequenzen der Handlungsalternativen nach ihrer Wünschbarkeit beurteilen kann.

Der **Zielbegriff** wird in der Zielforschung nicht einheitlich verwendet. Trotz der feststellbaren inhaltlichen Konvergenz der Begriffe, bleibt die Abgrenzung gegenüber Motiv, Zweck, Aufgabe, Gebot und Grundsatz unbefriedigend. Dies mag dazu geführt haben, dass das Phänomen ‚**Unternehmensziele**' durch Dimensionen (vgl. Heinen 1976, S. 59 f.), Elemente (vgl. Kupsch 1979, S. 16) oder Merkmale (vgl. Kubicek 1981, S. 460) definitorisch spezifiziert wird. Die normative Entscheidungstheorie geht davon aus, dass die Unternehmensziele gegeben sind. Die Definition oder gar die Validierung von Fundamentalzielen ist keine Aufgabe der normativen Entscheidungstheorie. Es muss auf die von der Kerngruppe definierten Unternehmensziele zurückgegriffen werden.

Die Erhebung praktisch relevanter Unternehmensziele ist Aufgabe der **empirischen Zielforschung**. Jedoch können nahezu alle Tatbestände der betriebswirtschaftlichen Organisation und ihrer Umweltbeziehungen Inhalt eines Unternehmensziels sein (vgl. Heinen 1976, S. 141). Generelle **Aussagen** (vgl. Töpfer 1985, S. 245 f.; Fritz 1988, S. 573 ff.) über die von Unternehmungen verfolgten Ziele, also die Beschreibung eines Standard-**Zielsystems**, sind in Anbetracht der Vielzahl der in der Praxis verfolgten Ziele nicht möglich (vgl. Heinen 1976, S. 126).

Gemäß *Grochla* hat sich die **Zielanalyse**, sowohl auf **Sach-** als auch auf **Formalziele** zu erstrecken (vgl. Grochla 1991, S. 11.). Während durch Sachziele das Leistungsprogramm der Unternehmung definiert wird, ermöglicht die Definition der Formalziele die Wahl unter mehreren möglichen Handlungsalternativen zum Erreichen der Sachziele (vgl. zur Unterscheidung von Sach- und Formalziel auch Frese 2005, S. 41 f.). *Kupsch* unterscheidet in einer branchenunabhängigen Analyse drei Arten der ‚obersten Unternehmensziele': **Erfolgsziele** (Gewinnziele), **Leistungsziele** (herzustellende Mengen) und **Liquiditätsziele** (vgl. Kupsch 1979, S. 80 ff.). Fasst man die Aussagen der empirischen Zielforschung zusammen, so lässt sich feststellen, dass den Zielvariablen **Gewinn, Wachstum, Wettbewerbsfähigkeit** und **Produktqualität** die größte Bedeutung beigemessen wird (vgl. Lang 2004, S. 207).

Die von einem Entscheider in Betracht gezogenen Alternativen hängen u. a. davon ab, an welchen Zielgrößen er sich orientiert. Entscheidungen berühren häufig mehrere Zielgrößen und auch zwischen diesen Zielgrößen bestehen Abhängigkeiten. Gerade in wirtschaftlichen Entscheidungssituationen stehen Zielgrößen regelmäßig in **Konflikt** zueinander. Dann kann eine Entscheidung nur getroffen werden, wenn entweder eine Alternative hinsichtlich aller Zielgrößen besser abschneidet als alle anderen Alternativen oder wenn zuvor festgelegt wird, wie die Zielgrößen gegeneinander abzuwägen sind, um die Alternativen bewerten zu können (vgl. Laux/Gillenkrich/Schenk-Mathes 2012, S. 7).

3.2.4 Entscheidungsprozess

Die Frage, wie Menschen Entscheidungen treffen und wie das beste Vorgehen der Entscheidungsfindung aussieht, spielt insbesondere im **unternehmerischen Kontext** eine wichtige Rolle (vgl. Dijksterhuis 2010, S. 118).

Eine Entscheidung kann in verschiedene Phasen unterteilt werden (vgl. Laux 1982, S. 7). Aus informationstheoretischer Perspektive wird die Entscheidung als **Prozess** gekennzeichnet, im Rahmen dessen eine Person oder Gruppe von Personen ein Entscheidungsproblem erkennt, Informationen über **Handlungsalternativen** sammelt und verarbeitet sowie eine **Alternative** auswählt (vgl. Carroll und Johnson 1990, S. 19). Die Beurteilung der Alternativen findet im Rahmen der Auswahl statt. Von diesem Standpunkt betrachtet ist der Begriff Entscheidung wesentlich durch den Informationsaufnahme- und -verarbeitungsprozess geprägt. Der Ablauf dieses Prozesses ist als idealtypisch zu betrachten, die Phasen können sich sowohl in Reihenfolge als auch in der inhaltlichen Abgrenzung anders gestalten (Abb. 3.4).

Bei *Bettman* (vgl. Bettman 1979, S. 16 ff.) ist eine sehr umfassende Darstellung des Verständnisses von Entscheidung dargelegt. Zusammenfassend kann festgehalten werden:

3.2 Entscheidungen

Abb. 3.4 Der rationale Entscheidungsprozess

Eine **Entscheidung** ist ein zielgerichteter Prozess, der Informationsaufnahme und -verarbeitung beinhaltet. Er wird moderiert durch die kognitiven Fähigkeiten des Entscheiders und die Aufmerksamkeit in der Entscheidungssituation. Nach bestimmten Bewertungsprozessen durch den Entscheider erfolgt die Auswahl einer Handlungsalternative, wodurch es zu Lerneffekten kommen kann (vgl. Schopphoven 1996, S. 22).

Die Abb. 3.4 zeigt einen typischen rationalen Entscheidungsprozess. In den vergangenen Jahren hat jedoch zunehmend die Erkenntnis Einzug gehalten, dass der rationale Entscheidungsprozess aufgrund unterschiedlicher Kritiken auch angezweifelt werden kann. Insbesondere Befürworter einer verhaltenswissenschaftlichen Betrachtungsweise des Entscheidungsprozesses argumentieren, dass für die Untersuchung von realen Entscheidungsprozessen in der Unternehmenspraxis Modelle wie bspw. das SOBC-Modell oder das SOBP-Modell zweckorientiert sind, da Aspekte wie Stimulus, Wahrnehmung, Bewusstsein und Handlung neben der eigentlichen Entscheidung berücksichtigt werden. Ferner werden in derartigen Modellen die Ziele einer Entscheidung, die verfügbaren Alternativen und die Methoden zur Bewertung der Alternativen berücksichtigt. Außerdem werden die Annahmen des homo oeconomicus verworfen und als nicht realitätskonform bezeichnet. Verhaltenswissenschaftliche Untersuchungen des Entscheidungsprozesses verorten dann aktuelle Fragestellungen der Entscheidungsforschung, welche empirisch untersuchbar sind, in eines der oben aufgeführten Modelle und können so den Entscheidungsprozess realitätsgetreu und praxisnah untersuchen. Die deskriptive Entscheidungsforschung hat die Betriebswirtschaftslehre bis dato nur rudimentär durchdrungen. Heute dominiert eine normativ oder präskriptiv ausgelegte Entscheidungsforschung. Möchte die Betriebswirtschaftslehre als angewandte Wissenschaft jedoch zweckorientierte Handlungsempfehlungen für die Praxis aussprechen, so ist eine deskriptive Entscheidungsforschung unabdingbar. Gleichwohl bietet es sich an, präskriptive Fragestellungen wie Ziele, oder die verfügbaren Entscheidungsalternativen und die darauf folgende Auswahl einer Entscheidungsalternative deskriptiv zu untersuchen (Forschung im Gegenstrom). Diese Vorgehensweise würde einen deutlichen Mehrwert für die betriebswirtschaftliche Entscheidungsforschung darstellen. Für eine Entscheidungsforschung mit hohem Novitätsgrad bieten sich insbesondere deskriptiv-explorative Forschungsarbeiten an.

3.3 Zusammenhang zwischen Entscheidungen und Informationen

Zum Treffen von Entscheidungen werden Informationen (bestenfalls Echtzeitinformationen) benötigt, sie können nach *Beckmann* (vgl. Beckmann 1956) als das Rohmaterial für Entscheidungen bezeichnet werden, wodurch Informationen die Quelle von Entscheidungen darstellen. Im Rahmen von Entscheidungen ist es wichtig die verschiedenen **Ebenen** einer Information und zugrunde liegende **Informationsannahmen** zu betrachten, bevor man auf die **Informationen** an sich abstellt.

3.3.1 Informationsebenen

Information wird im *Brockhaus Enzyklopädie* mit „Nachricht, Mitteilung oder Auskunft, Unterrichtung auch im übertragenen Sinne" wiedergegeben. Diese sehr allgemeine Umschreibung ist in den verschiedenen **Wissenschaftsgebieten**, die sich mit Informationsproblemen befassen, in unterschiedlicher Weise interpretiert oder eingeengt worden, etwa in der Informationspsychologie, in der mathematischen Informationstheorie oder in den Sozialwissenschaften. Je nach Umfang und Inhalt des Teilgebiets ist es üblich **drei** verschiedene **Ebenen** der Information zu unterscheiden:

- **syntaktische Ebene:** sie richtet sich allein auf Zeichen und ihre mathematisch-statistischen Beziehungen zueinander;
- **semantische Ebene:** neben den syntaktischen Verknüpfungen wird auch die Bedeutung von Zeichen beachtet;
- **pragmatische Ebene:** die Zeichenbenutzer und die Zweckorientierung werden berücksichtigt.

Die drei Ebenen lassen sich auch sprachlich voneinander abheben; auf der **syntaktischen Ebene** sind die physikalischen Elemente die Signale oder Zeichen, auf der **semantischen Ebene** spricht man von Nachrichten als den hinter den Signalen stehenden Tatbeständen, und nur auf der **pragmatischen Ebene**, wenn es absendende und empfangende Subjekte mit einer eindeutig bestimmten Zwecksetzung gibt, wird der Terminus Information gebraucht.

Information soll in den folgenden Ausführungen als **entscheidungsorientiertes Wissen** verstanden werden (vgl. Wittmann 1959, S. 14). Es erscheint folgerichtig, Information immer nur auf die Entscheidungssituation hin zu definieren:

3.3 Zusammenhang zwischen Entscheidungen und Informationen

Information ist nicht irgendwo vorhanden, sondern sie ist das **zweckorientierte Wissen** eines Entscheidungsträgers in einer **konkreten Entscheidungssituation**. Gerade dieser begrifflich enge Bezug von Entscheidung und Information zeigt die sachliche Bedingtheit von Entscheidungs- und Informationsproblemen. Für *Will* (vgl. Will 1968, S. 649) ist Information auf Daten basierendes **Zweckwissen**, das durch einen Intelligenzprozess gewonnen wird. Dieser **Intelligenzprozess** kann z. B. die Planung als Entscheidungsvorbereitung sein, die die vorgefundenen Daten für den Entscheidungsträger in Informationen umwandelt, d.h. informiert. Die Beziehung **I = f(D)** zwischen Daten (D) und Informationen (I) ist durchaus konform mit der oben angegebenen Definition von Information.

3.3.2 Informationsannahmen

Entscheidungen sind zukunftsgerichtet. Dies führt dazu, dass der **Entscheidungsträger** bis zur Entscheidung darüber im Ungewissen ist, welche der für möglich gehaltenen Entwicklungen auch tatsächlich eintrifft. Trotz der **Ungewissheit** muss aber eine Entscheidung gefällt werden. Vom Entscheidungsträger wird deshalb in dieser Situation verlangt, dass er sich mittels einer **Prognose** oder **Schätzung Vorstellungen** davon verschafft, wie sich die Entscheidungstatbestände im Lichte zukünftiger Entwicklungen zum Entscheidungszeitpunkt darstellen. Mit anderen Worten: Der **Entscheidungsträger** bildet **Erwartungen**, die wegen der **unvollkommenen Information** in der Regel **mehrwertig** und **mehrdeutig** sind. Erwartungen können daher als gegenwärtige Vorstellungen über die Verhältnisse zu zukünftigen Zeitpunkten oder in zukünftigen Zeiträumen bezeichnet werden (vgl. Seidenfus 1956).

Wenn auch der Fall der **unvollkommenen Information** die größte praktische Relevanz besitzt, hat die Theorie dennoch versucht, alle denkbaren Fälle des Informationsstands beim Entscheider zu erfassen und aufzulisten (vgl. Wollenhaupt 1982, S. 2; Motsch 1995, S. 1):

- **vollkommene Information** bezüglich der Einflussgrößen des Entscheidungsproblems;
- **unvollkommene Information** bezüglich der Einflussgrößen des Entscheidungsproblems und
- **vollkommene Ignoranz** bezüglich der Einflussgrößen des Entscheidungsproblems.

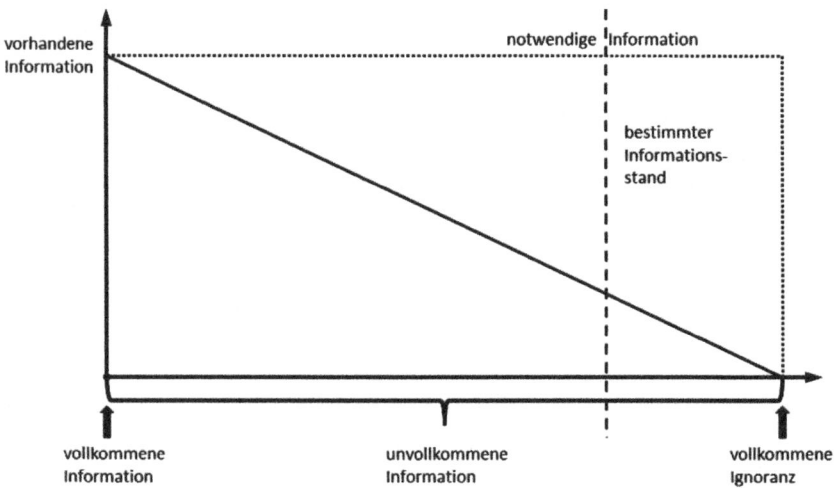

Abb. 3.5 Informationsgrade. (Quelle: Mag 1990, S. 7)

Die Fälle (1) und (3) können als theoretische **Grenzfälle** der (2) **unvollkommenen Information** aufgefasst werden. **Grenzfalleigenschaft** lässt sich z. B. durch einen Informationsgrad in Quotientenform zeigen, von denen einige in der Literatur vorgeschlagen werden (siehe dazu auch Abb. 3.5). Soll etwa der Informationsstand (I) eines Entscheiders durch das Verhältnis von tatsächlich vorhanden Informationen und notwendigen Informationen ausgedrückt werden, dann stünde $I=0$ für **vollkommene Ignoranz**, $I=1$ für **vollkommene Information** und $0<I<1$ für **unvollkommene Information**. Die Grenzfälle werden durch Gleichheitszeichen markiert, der sehr viel umfangreichere Bereich der unvollkommenen Information durch Ungleichheitszeichen. Durch die Gleichheitszeichen sind vollkommene Information und vollkommene Ignoranz auch stets als gegebene oder fixierte Informationsstände zu bezeichnen. Wenn sie existieren, sind sie fixiert (Abb. 3.6).

Für den Fall der **unvollkommenen Information** sind zwei Annahmen denkbar:

- die unvollkommene Information ist fixiert, d.h. als Datum anzusehen;
- die unvollkommene Information ist variabel, d.h. als Problem anzusehen.

Entscheidungen unter Unsicherheit, d.h. bei unvollkommenem, aber **gegebenem** Informationsstand, sind Gegenstand der sog. klassischen Entscheidungstheorie. Entscheidungsregeln werden hier auf abgeschlossene Informationsfelder an-

3.4 Information und Data Analytics

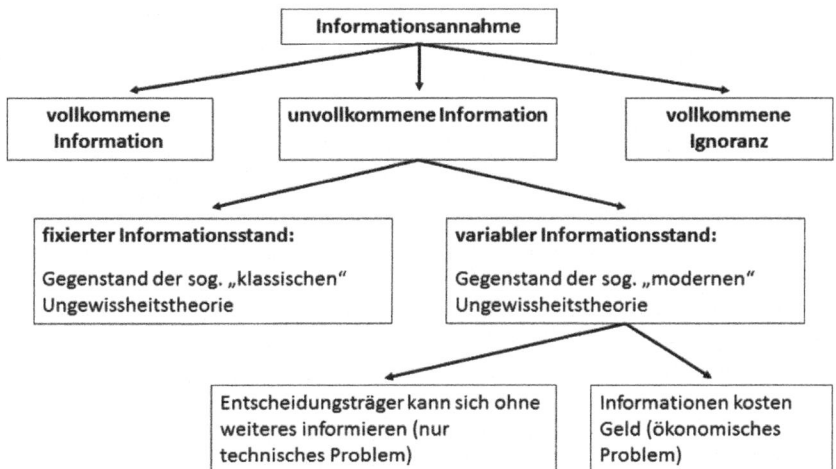

Abb. 3.6 Informationsannahmen in der Entscheidungstheorie. (Quelle: Mag 1990, S. 8)

gewandt. Ist der Informationsstand des Entscheiders **variabel**, dann muss gefragt werden: Soll sofort beim gegenwärtigen Informationsstand entschieden werden oder sollen zusätzliche Informationen beschafft werden? Kosten die zusätzlichen Informationen kein Geld, liegt nur ein **technisches Informationsproblem** vor; ein **ökonomisches Informationsproblem** kommt hinzu, wenn zusätzliche Informationen Geld kosten und die finanziellen Mittel des Entscheiders um ihren produktiven und informatorischen Einsatz konkurrieren (vgl. Mag 1990, S. 9).

3.4 Information und Data Analytics

Die **Bedeutung** der Ressource **Information** für die **Wettbewerbsfähigkeit** von Unternehmungen ist unbestritten; sie wird in Zukunft, angesichts eines komplexer werdenden Entscheidungsumfeldes, vermutlich weiter anwachsen. Die zeitnahe Verfügbarkeit von Informationen reduziert Ungewissheit und erhöht dadurch Rationalität und Entscheidungsgeschwindigkeit. Dies ist nicht zuletzt ein wesentlicher Faktor zur Erzielung von Wettbewerbsvorteilen.

Informationen repräsentieren dann in verstärktem Maße neben den klassischen Ressourcen einen eigenständigen Produktionsfaktor für das Unternehmen. Sie sollten deshalb selbst Gegenstand unternehmerischer Planungs-, Kontroll- und Organisationsprozesse sein.

In der **Wirtschaftsinformatik** gib es keine allgemein akzeptierte Definition für den Begriff **Information** und die eng damit verknüpften Begriffe **Daten** und **Wissen**. In diesem Bericht wird die am weitesten verbreitete Definition von Information nach *Wittmann* zugrunde gelegt, die Information als zweckorientiertes Wissen bezeichnet, wobei der Zweck in der Vorbereitung des Handelns liegt (vgl. Wittmann 1959, S. 14).

Dieses Informationsverständnis stellt den **Empfänger** in den Mittelpunkt der Betrachtung. Erst wenn die Information zur richtigen Zeit am richtigen Ort ist, kann sie einen Beitrag zur schnelleren und besseren Entscheidungsfindung und -umsetzung leisten.

Daten und **Informationen** werden im Folgenden nach Horton unterschieden:

> Data are the raw facts from which information is derived.... Information is data which have been processed by automated or manual means and formatted in such manner as to be usable to an end-user to satisfy some decision-making need. (Horton 1985, S. 253)

Management-Informationen beziehen sich auf **interne** Kennzahlen aus Rechnungswesen/Controlling, Marketing/Vertrieb, Produktion/Logistik, Personal/Verwaltung und Forschung/Entwicklung. Aus dem **externen** Bereich sind sowohl Beschaffungsmärkte als auch Absatzmärkte und somit Lieferanten, Wettbewerber und Kunden interessant, aber auch Börseninformationen, Beteiligungen, volkswirtschaftliche Kennzahlen und andere Wirtschaftsdaten (vgl. Fischer 1998, S. 13 ff.). Grundsätzlich stellt sich in diesem Zusammenhang die Frage nach **Eigen-** und **Fremdbezug** von **Informationen**. Zu den wichtigsten externen Informationsanbietern gehören Marktforschungsinstitute, das Statistische Bundesamt, Organisationen, Verbände, Datenbankanbieter und Beratungsunternehmen.

Das **Management** interessiert sich vorwiegend für Informationen, die eine **mehrdimensionale Datenstruktur** besitzen und/oder einen **hohen Anteil an externen Informationen** haben. Die richtigen Verdichtungsstufen der Daten können aus dem Verantwortungsbereich einer Führungskraft abgeleitet werden. Je höher die Managementebene, desto stärker komprimierte Informationen sind interessant (vgl. Wagenhofer 2006, S. 4).

Waren in der Vergangenheit die Bemühungen zur Deckung des **Informationsbedarfs** auf **unternehmensinterne Daten** gerichtet, so wird zunehmend erkannt, wie wichtig die Ergänzung durch externe Informationen ist – unabhängig davon, ob diese vom Unternehmen selbst erhoben oder von **externen Informationslieferanten** bezogen werden. Ein hoher Bedarf an externen Informationen besteht insbesondere bei der strategischen Marketingplanung. Erst durch das Zusammen-

3.4 Information und Data Analytics

führen von internen und externen Informationen ergibt sich eine Informationsbasis, die ein umfassendes Gesamtbild konkreter Situationen widerspiegeln kann und in einer Entscheidungsfindung strategische Bedeutung erhält (vgl. Löbbe 1995, S. 86).

Das sich **veränderte Informationsverständnis** wird getragen von den Fortschritten auf dem Gebiet der **Informationstechnologie**, die durch den Übergang von Elektronischen Datenverarbeitungssystemen (EDV) über die Managementinformationssysteme (MIS) bis hin zu Entscheidungsunterstützungssystemen (EUS) gekennzeichnet ist. Ferner kann insbesondere die zunehmende Digitalisierung dazu führen, dass sich die Entscheidungsfindung in Unternehmen verändert.

Die **theoretische Basis** für Daten und Informationen in der Wirtschaftsinformatik, in der Mathematik und in der Statistik besteht bereits seit über 50 Jahren (vgl. May 2009). Am unteren Ende des **Informationskontinuums** (vgl. untenstehende Abbildung), sind es **Arithmetik, Algebra** und einige einfache statistische Konzepte wie Mittelwerte, Modalwerte, Frequenzen und Standardabweichungen, am anderen Ende des **Informationskontinuums** stehen **sophistiziertere Methoden** der linearen Algebra, Vektorgraphiken, Differenzialgleichungen, Euklidische Geometrie, Korrelationen, multivariate Regressionen und neuronale Netzwerke.

Um aus **Daten Wert** zu generieren braucht es:

- Werkzeuge und Technologien, die Wert für die unteren Ebenen des Informationskontinuums schaffen, können auf höheren Ebenen nicht richtig funktionieren, d.h. die Techniken und Werkzeuge müssen weiterentwickelt werden, um mit neuer und komplexerer Information zurechtzukommen.
- Kompetentes Personal braucht es, um die Datenmodellierung, -integration und -aggregation zu bewerkstelligen und auch die konzeptionelle und physische Struktur der Daten muss verstanden werden um einen Wertbeitrag zu garantieren.
- Informationsbedarfe müssen vorhanden sein, in ihnen liegt der Schlüssel zum Erfolg einer Analytics Lösung.

Die **Informationsbereitstellung** und **-nachfrage**, sowie ihr Verbrauch kann auf dem bereits angesprochenen **Informationskontinuum** dargestellt werden. Die Abb. 3.7 zeigt die einzelnen Stufen des Kontinuums.

Im innerbetrieblichen **Informationsprozess** können Manager und auch Mitarbeiter Informationen über Zeitpunkte und -räume abfragen. Diese können sowohl **vergangenheits-**, **gegenwarts-** und **zukunftsorientiert** sein.

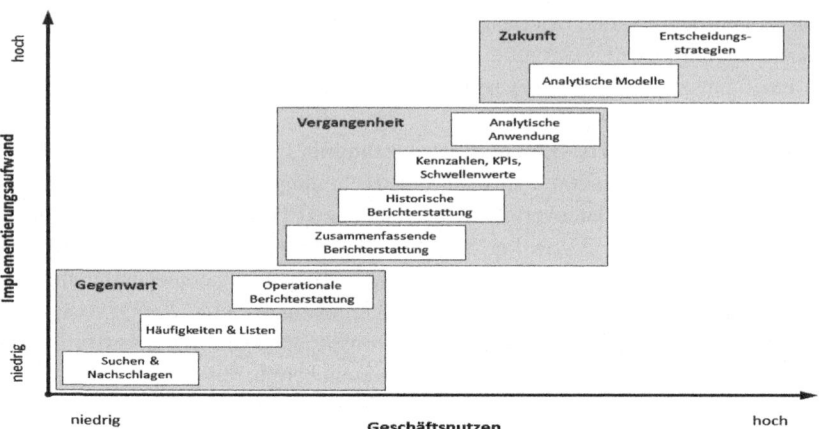

Abb. 3.7 Informationskontinuum. (Quelle: Sheikh 2013, S. 26)

3.4.1 Aussagen über die Gegenwart

Suchen &; Nachschlagen
Der einfachste aller Informationsbedarfe ist das Nachschlagen einer bestimmten Information aus einer bestehenden Datenquelle. Der Suchmechanismus ist dabei meist fest vorgegeben und der Benutzer kann nicht beliebige Suchbegriffe eingeben.

Häufigkeiten &; Listen
Dieser nächste Schritt wird häufig im Rahmen eines Reporting geliefert. Es geht dabei z. B. um Informationen zu Transaktionen pro Monat oder Kundenlisten. Die gezählten Objekte und das Auswahlkriterium für die Objekte müssen hierzu klar festzustellen und kommunizierbar sein.

Operatives Reporting
Das ist die häufigste Form der Informationsnachfrage, die es auch schon lange vor Data Warehouses, Business Intelligence oder gar Computern gab. Das operative Reporting basiert auf etablierten Informationsangaben mit standardisierter Terminologie, sowie Industrie- und regulationsspezifischen Daten.

3.4.2 Aussagen über die Vergangenheit

Zusammenfassendes Reporting
Historische Daten werden nach Region, Produkt oder über einen Zeitraum hinweg zusammengefasst.

Snapshot Reporting
Vergleicht Daten aus zwei verschiedenen Zeithorizonten miteinander. So können etwa die Verkäufe aus dem dritten Quartal des aktuellen Jahres mit demselben Quartal des Vorjahres verglichen werden.

Kennzahlen, KPIs und Schwellenwerte
Operatives, zusammenfassendes und Snapshot Reporting führen zu diesem Level auf dem Informationskontinuum. Es werden verschiedene Kennzahlen, KPIs und Schwellenwerte ausgesucht, auf Basis derer die Performance des Unternehmens nachverfolgt wird.

Analytische Applikationen
Hier werden alle vorangehenden Ebenen des Informationskontinuums zusammengefasst. Eine weit verbreitete Anwendung sind Management-Cockpits oder Dashboards.

3.4.3 Aussagen über Zukunft

Analytische Modelle
Sie werden zunächst unabhängig vom Rest des **Informationskontinuums** aufgebaut, aber am Ende dann mit einzelnen Ebenen verbunden. Analytische Modelle greifen auf vier verschiedene Techniken zurück: extrapolierende, beschreibende, vorhersagende und Entscheidungs-optimierende.

Entscheidungsstrategien
Gibt es analytische Modelle, so ist zu überlegen, was mit ihrem Output zu tun ist. Dies bildet die nächste Ebene des Informationskontinuums ab. Um Entscheidungsstrategien abzuleiten, müssen weitere Analysen und Segmentierungen vorgenommen werden.

Analytics
Auch **Data Analytics** genannt, kann als eine Extension der Business Intelligence verstanden werden, muss jedoch inhaltlich getrennt von der typischen Data Warehouse- und Reporting-Struktur betrachtet werden. Business Intelligence beantwortet die Frage „Wie haben wir es bisher gemacht?" und Analytics beantwortet die Frage „Was sollten wir machen?". Die sich abzeichnende Evolution im Rahmen der Computerunterstützung wird in den nächsten Jahren mit Big Data und Data Analytics einen weiteren Schritt vollziehen.

Big Data
Bezeichnet den Einsatz großer Datenmengen aus vielfältigen Quellen mit einer hohen Verarbeitungsgeschwindigkeit zur Erzeugung wirtschaftlichen Nutzens.

Die sich abzeichnende Evolution im Rahmen der IT-gestützten Informationsbereitstellung eröffnet neue Chancen für die Strategieformulierung. Sie schafft die Voraussetzung für eine Integration von Unternehmensstrategie und Informationstechnologie. Darüber hinaus kann die Digitalisierung zur Bereitstellung von Echtzeitinformationen führen und dadurch die Entscheidungsfindung einerseits verändern und andererseits die Entscheidungsqualität letztlich verbessern.

3.5 Bisherige Befunde

Bestehende empirische Erkenntnisse zum Arbeitsthema zeigen die Aktualität und Relevanz dieser Studie und sollen die bestehende Forschungslücke aufdecken.

Aktuelle Studien existieren bereits zum Thema Entscheidungsfindung sowohl bei Großunternehmen als auch mittelstandsspezifisch. Im Folgenden wird ein kurzer Überblick über die Inhalte einiger weniger Studien gegeben, unterteilt in Großunternehmen und Mittelstand.

3.5.1 Großunternehmen

Studie von Prof. Dr.- Ing. Norbert Gronau, Lehrstuhl für Wirtschaftsinformatik und Electronic Government, Universität Potsdam 2012: „Wettbewerbsfaktor Analytics- Status, Potenziale, Herausforderung" (vgl. Gronau 2012)

Untersuchungsgegenstand: Die Studie, basierend auf einer Umfrage mit 164 Teilnehmern in 6 Branchen (Banken 32, Handel 44, Public Sektor 52, Telekommunikation 11, Versicherungen 19, Versorger 6) hat zum Ziel, die Bedeutung von Business Analytics für die Wettbewerbsfähigkeit von Organisationen in den unter-

3.5 Bisherige Befunde

schiedlichen Branchen zu analysieren. Hierfür wurden insbesondere Manager der ersten und zweiten Führungsebene mittlerer und großer Unternehmen in den genannten Branchen in der Region Deutschland, Österreich und der Schweiz befragt. Der Fokus liegt dabei auf der Untersuchung des Einsatzes und der Verbreitung unterschiedlicher Analysewerkzeuge im Bereich Business Intelligence und der darauf aufbauenden Analysen, um einen Branchenvergleich in Bezug auf den Business-Analytics-Status zu identifizieren.

Ergebnisse: Die Studie zeigt, dass das Bewusstsein der Unternehmen über alle Branchen hinweg gegenüber dem Thema sehr stark vorhanden ist. Allerdings geben, ausgenommen der Telekommunikationsbranche, alle Unternehmen an, dass im Bereich Data Analytics, insbesondere im Vergleich zu Business Intelligence, noch starke Defizite vorhanden sind. Bei einer branchenübergreifenden Betrachtung der einzelnen 6 Branchen ergeben sich folgende Ergebnisse: Abgesehen von 3 % der Befragten, sehen alle Organisationen einen Zusammenhang zwischen der Nutzung von Geschäftsdaten und dem Erfolg der Organisation. Der Entscheidungsfindungsprozess im Unternehmen findet laut Untersuchung bei der Mehrheit häufiger bereichsabhängig unterschiedlich statt, wohingegen weltweit gesehen ein nicht einheitliches und standardisiertes Vorgehen gleichermaßen vorhanden ist. In Bezug auf strategische Entscheidungen werden bei der absoluten Mehrheit die Entscheidungen zu gleichen Teilen auf Basis von Daten und Erfahrungen getroffen, wobei auf Führungsebene der Einsatz von analytischen Methoden größtenteils befürwortet wird. Bei den anderen 3 % findet der Entscheidungsfindungsprozess primär datenbasiert bzw. erfahrungsbasiert statt. In den meisten Unternehmen sind Daten verfügbar und vorhanden, jedoch laut Befragten unübersichtlich abgelegt oder es besteht nur eine beschränkte Zugriffsmöglichkeit auf diese. Des Weiteren verfügen ca. ein Drittel der Befragten Unternehmen über ein tendenziell undurchsichtiges, nicht klar definiertes Vorgehen zur Analyse der Geschäftsdaten, um die Wettbewerbsfähigkeit zu steigern. Bei Existenz eines Analytics-Anbieters dominieren deutlich, mit über 80 %, die SAP-Anwendungen, gefolgt von IBM, SAS und Oracle-Anwendungen.

Fazit: Die Studie zeigt anhand einer detaillierten Analyse der verschiedenen Branchen, dass das Bewusstsein und die Bedeutung des Themas bereits sehr stark in der Unternehmenspraxis aller Branchen vertreten sind. Die Umfrage macht auch auf die Defizite bei der Handhabung der Themen Business Intelligence und Business Analytics aufmerksam. Zwar steht die Wichtigkeit des Themas für die Praxis außer Frage, jedoch fehlt es an einer adäquaten Umsetzung mit entsprechenden Tools und Werkzeugen. Die Zielsetzungen hin zu einer klar strukturierten Datenanalyse sind neben der Optimierung von Geschäftsprozessen der Erhalt der gegenwärtigen Wettbewerbsposition und Ausbau von Wettbewerbsvorteilen.

Studie von ComTeam AG 2010: „Gut entschieden? Zur Qualität von Entscheidungsprozessen in Unternehmen" (vgl. Forchhammer 2010)
Untersuchungsgegenstand: Die ComTeam Studie 2010 basiert auf einer Umfrage mit 233 Teilnehmern überwiegend aus der Finanzbranche. Befragt wurden überwiegend Führungskräfte mit mehr als 10-jähriger Erfahrung. Ziel der Untersuchung ist es, den Entscheidungsprozess anhand verschiedener Aspekte wie u.a. der Entscheidungskultur, Qualität und Nachhaltigkeit zu bewerten.

Ergebnisse: Über 15% der Befragten sind mit der Entscheidungskultur in ihrem Unternehmen nicht zufrieden. Lediglich 5% sind vollständig zufrieden. Als wichtigste Kriterien für tragfähige und nachhaltige Entscheidungen wurden die Einbindung der relevanten Personen, der offene Dialog, sowie die Nachvollziehbarkeit der Informationen genannt. Hauptgrund für die Nicht-Umsetzung von Entscheidungen ist, dass sie von äußeren Ereignissen überholt wurden. Das Entscheider-Verhalten der Führungskräfte wurde wie folgt charakterisiert: „haben eine Lösung im Kopf und möchten diese durchsetzen" und „stehen voll hinter getroffenen Entscheidungen + treiben deren Umsetzung persönlich voran." Bei der Frage nach den wichtigsten Werten im Unternehmen wurden insbesondere die Wirtschaftlichkeit und die Gesamtverantwortung genannt.

Fazit: Die Studie thematisiert wichtige Aspekte im Entscheidungsprozess von Unternehmen. Der Fokus liegt dabei auf dem Entscheidungsverhalten der Führungskräfte und die Wahrnehmung dieses Verhaltens von anderen. Des Weiteren zeigt die Studie die Notwendigkeit einer fundierten Datenverarbeitungs- und Analysearbeit für eine optimale Entscheidungsfindung auf.

Studie von Capgemini 2012: „Big Data" (vgl. Capgemini 2012)
Untersuchungsgegenstand: Die Studie aus dem Jahre 2012 umfasst eine Umfrage in Form eines Fragebogens von 607 Führungskräften aus allen Branchen in internationalen Unternehmen unterschiedlicher Größe. Ergänzend wurden Experteninterviews mit Funktionsleitern, sowie unabhängigen Experten aus den Bereichen Entscheidungsfindung und Datenanalyse durchgeführt. Das Ziel dieser Studie ist es, den Zusammenhang zwischen der Menge an Daten und dem Gebrauch dieser in Entscheidungsprozessen zu analysieren.

Ergebnisse: Durch die Nutzung großer Datenmengen geben die Befragten an, bis zu 26% ihrer Leistung gesteigert zu haben. Jedoch sehen sie eine weitere Verbesserung um 41% in den nächsten Jahren. Über die Hälfte der Befragten sind der Meinung, dass Big Data-Management noch nicht strategisch genug in den oberen Führungsebenen kommuniziert wird und zwei Drittel sind sogar der Meinung, dass noch nicht genug Big Data-Culture in ihrem Unternehmen vorhanden ist. 42% sehen dabei als großes Problem die zu hohe Datenmenge. 40% sind der Meinung es gäbe zu viele unstrukturierte, ungenutzte Daten in ihrem Unternehmen. Durch-

3.5 Bisherige Befunde

schnittlich 58 % der Befragten nutzen Big Data für Entscheidungen. Dabei werden 29 % der Daten für automatische Entscheidungen genutzt. 60 % der Befragten geben jedoch an, dass alle möglichen operativen und taktischen Entscheidungen, die automatisch getroffen werden können, auch tatsächlich getroffen werden. Als größtes Hindernis für die Nutzung von Big Data in Entscheidungsprozessen sehen 56 % die sogenannten Organisational Silos. 85 % geben an, dass dabei das Problem nicht zwangsweise im Datenvolumen liegt, sondern viel mehr auch in der Möglichkeit und Fähigkeit die Daten in Echtzeit zu analysieren darauf basierend zu agieren.

Fazit: Allgemein verdeutlicht die Studie die Defizite und Probleme beim Umgang mit Big Data in Unternehmen. Gleichzeitig verdeutlicht sie das große Potential bei adäquatem Umgang mit Big Data. Drei Viertel der Befragten geben an, zuversichtlich darüber zu sein, dass in Zukunft durch den Nutzen vorhandener Datenmengen großes Einsparungspotential vorhanden ist. Des Weiteren lassen sich aus den spezifischen Auswertungen der Funktionsbereiche, insbesondere des Bereiches Finanzen ableiten, dass aufgrund der Finanzkrise die Forderungen nach Entscheidungen basierend auf fundierten, analysierten Daten immer mehr zunimmt.

Studie von Accenture 2013: „**Analytics in Action**" (vgl. *Accenture* 2013)

Untersuchungsgegenstand: Im Rahmen der Studie wurden 600 Telefoninterviews durchgeführt. Befragt wurden Geschäftsführer und Manager von amerikanischen und englischen Unternehmen (Mitarbeiterzahl 11 000), die über Kenntnisse im Bereich Analytics verfügen und/oder in ihrem Unternehmen für diesen Bereich verantwortlich sind. Die Befragung der Unternehmen fand von August bis September 2012 statt. Für die Befragung wurden Unternehmen aus dem öffentlichen Sektor, dem Finanzsektor, der Telekommunikationsbranche und dem industriellen Gewerbe herangezogen. Die Ziele der Studie waren herauszufinden, wie Unternehmen diesen neuen Ansatz der Entscheidungsfindung implementieren und inwiefern der Ansatz seine Versprechen in der Praxis erfüllt.

Ergebnisse: 33 % der befragten Unternehmen nutzen Analytics unternehmensweit. Das Top-Management ist laut 68 % der befragten Teilnehmer für Analytics und die faktenbasierte Entscheidungsfindung verantwortlich. Zwei Drittel der befragten Unternehmen geben an, für das Data-Management in den vergangenen 18 Monaten einen Chief-Data-Officer benannt zu haben. 83 % der Führungskräfte erkennen Wachstumschancen bei der Änderung von Kundenverhalten. Mehr als die Hälfte der befragten Unternehmen sieht die zentrale Herausforderung darin, die aus den Daten generierten Ergebnisse zu identifizieren.

Fazit: Insgesamt hat die Studie verdeutlicht, dass die befragten Unternehmen große Erwartungen, wie zum Beispiel die Erzielung eines messbaren Return on

Investment, bezüglich Analytics haben. Mehr als ein Drittel der befragten Unternehmen sind mit der Einführung von Analytics zufrieden.

Studie von IBM Institute for Business Value 2012: „Analytics – The Real-World Use of Big Data" (vgl. **IBM Institute for Business Value 2012**)

Untersuchungsgegenstand: Im Rahmen der Untersuchung haben Unternehmen über alle Unternehmensbereiche und Länder hinweg teilgenommen. Insgesamt wurden 1.144 Unternehmer und IT-Experten in 95 Ländern befragt. Außerdem wurden mehr als zwei Dutzend Wissenschaftler, ausgewählte Experten und IT-Manager interviewt. Die Ziele der Studie waren herauszufinden, was genau Unternehmen unter Big Data verstehen und inwieweit Unternehmen Big Data für ihr Unternehmen nutzen.

Ergebnisse: Die Ergebnisse der Studie haben gezeigt, dass Unternehmen einen unternehmensabhängigen und pragmatischen Ansatz bezüglich Big Data verfolgen. Die effizienteste Lösung besteht darin, zuerst die Unternehmensanforderungen zu identifizieren und dann die Infrastruktur, die Informationsquellen und Analysen anzupassen, um Chancen des Unternehmens zu fördern. Unternehmen ziehen neue Erkenntnisse aus bestehenden und neuen Informationsquellen, definieren eine Strategie zur Big Data Technologie und erweitern zunehmend die Informationsquellen und Infrastrukturen. Die meisten Unternehmen befinden sich in einer frühen Phase der Planung von Big Data und der Entwicklung von Maßnahmen. 24 % konzentrieren sich darauf, das Konzept Big Data zu verstehen. Die Definition einer Roadmap in Bezug auf Big Data steht für 47 % der befragten Unternehmen im Fokus der Betrachtung. 28 % der Untersuchungsteilnehmer sind in führenden Unternehmen tätig, die Big Data-Pilotprojekte und Proofs of Concepts einführen oder Lösungen bezüglich Big Data bereits eingeführt haben.

Fazit: Schlussfolgernd werden fünf Empfehlungen genannt, die Unternehmen bei der Entwicklung von Big Data-Maßnahmen unterstützen und der Erreichung des größten Unternehmenswerts durch Big Data dienen. Unternehmen sollten beispielsweise einen Business Case entwerfen, dessen Ergebnisse messbar sind. Zudem wird empfohlen mit verfügbaren Informationen zu starten, um kurzfristig Ergebnisse zu erzielen. Eine weitere Empfehlung besteht in der Entwicklung einer unternehmensweiten Planung und Roadmap. In Bezug auf die genannten Empfehlungen ist es notwendig, dass Manager und IT-Experten stets eng zusammenarbeiten.

Studie von KPMG LLP 2012: „KPMG Survey – Executives Looking for Better Access to Mobile Device and Social Networking Data" (vgl. KPMG 2012)

Untersuchungsgegenstand: Die Untersuchung fand im Rahmen der Flagship Conference of Oracle Corporation statt.

3.5 Bisherige Befunde

Ergebnisse: Mehr als 60 % der Befragungsteilnehmer gaben an, dass ihr Unternehmen eine Informations- und Analytics-Strategie definiert hat. 39 % stimmen zu, dass das Top-Management einen Zugang zum steigenden Datenvolumen haben sollte, um so die Bedürfnisse der Kunden besser prognostizieren zu können. Diese „unstrukturierten" Informationen werden in der Regel von Kunden, Verkäufern und Analysten über Webseiten oder durch soziale Netzwerke generiert. 29 % der befragten Unternehmen sind davon überzeugt, dass Fortschritte in Informationssystemen und Analytics ihr Unternehmen maßgeblich verändern werden. Mehr als die Hälfte der Teilnehmer sind der Meinung, dass Big Data und Analytics einen entscheidenden Einfluss auf ihr Unternehmen und ihren Industriesektor haben. 36 % davon gaben an, dass es mindestens ein bis drei Jahre dauern wird bis ihr Unternehmen eine Data Analytics-Strategie einführen kann, die vorausschauende Erkenntnisse des Marktes ermöglicht.

Fazit: Die Ergebnisse der Studie haben verdeutlicht, dass Data Analytics zu einem zentralen Strategieansatz geworden ist. Viele Unternehmen sind davon überzeugt, dass die Prognose der Kundenbedürfnisse in einem direkten Zusammenhang mit den Analysen aus allen Informationsquellen steht.

3.5.2 Mittelstand

Studie der Universität Leipzig: Lehrstuhl für strategisches Management und Organisation 2012: „Planungs- und Entscheidungsverhalten deutscher Familien- und Nichtfamilienunternehmen" (vgl. Wulf et al. 2012)

Untersuchungsgegenstand: Die Studie des Lehrstuhls für Strategisches Management und Organisation der Handelshochschule Leipzig basiert auf einer im Herbst 2011 durchgeführten Befragung von 237 Unternehmen unterschiedlicher Branchen- und Größenklassen. Ziel dieser Studie ist es, Erkenntnisse zum Zusammenhang zwischen dem Planungs- und Entscheidungsverhalten und finanziellen Gegebenheiten von deutschen Familien- und Nichtfamilienunternehmen zu gewinnen.

Ergebnisse: In Familienunternehmen wird der strategischen Planung eher wenig Bedeutung zugemessen. Diese ist vorwiegend auf kurzfristige und operative Aktivitäten gerichtet. Lediglich 12 % der Befragten Familienunternehmen nutzen strategische Planungsinstrumente. Familienunternehmen werden sehr stark zentralisiert geführt und durch eine hohe Teamfähigkeit ihrer Führungsteams charakterisiert. Die Zusammenarbeit ist durch einen hohen Grad an Diskussionen, Meinungsvielfalt und offener Kommunikation gekennzeichnet. Die erfolgreichsten Familienunternehmen zeichnen sich durch effiziente Prozesse im Führungsteam aus. Im Vergleich zu Nichtfamilienunternehmen sind Familienunternehmen auf finanzieller Ebene, v.a. bzgl. der Gesamtkapitalrentabilität, erfolgreicher. Dabei weisen Familienunternehmen mit einem mittleren Einfluss der Familie einen um ca. 5 % höheren finanziellen Erfolg aus als Nichtfamilienunternehmen. Je höher der Familieneinfluss, desto geringer wird dieser Erfolgsvorteil. Dies deutet darauf hin, dass es einen „optimalen Familieneinfluss" geben kann.

Fazit: Ziel der Studie war es, Aspekte der strategischen Planung, sowie des Entscheidungs- und Kommunikationsverhaltens von Führungsteams in Familienunternehmen zu analysieren. Die Studie zeigt sowohl Charakteristika der Planungsinstrumente und verschiedener Team- bzw. Interaktionsprozesse als auch finanzielle Erfolgswirkungen in Familien- und Nichtfamilienunternehmen.

Die Darstellung einiger Studien zeigt, dass die Frage nach der **Entscheidungsfindung** im Rahmen zunehmender **Datenvolumina** bedeutender wird. Studien mit Großunternehmen bestehen vielzählig, jedoch sind diese thematisch sehr differenziert und detailliert. Die mittelständischen Ausführungen hingegen spärlich. Thematisch ist ein Mangel in Bezug auf die **Entscheidungen** in Unternehmen in Hinblick auf die einzelnen **Funktionsbereiche**, die genutzten **Systeme** sowie die **Bewertung** festzustellen. Dies begründet die notwendige **Relevanz** der Untersuchung.

Literatur

Accenture. 2013. *Analytics in action: Breakthroughs and barriers on the journey to ROI*, https://www.accenture.com/t20150624T211504__w__/us-en/_acnmedia/Accenture/Conversion-Assets/DotCom/Documents/Global/PDF/Technology_6/Accenture-Analytics-In-Action-Survey.pdf

Becker, W. 2012. *Grundlagen der Unternehmensführung*. Bamberg: Otto-Friedrich Universität.

Becker, W., und Ulrich, P. 2011. *Mittelstandsforschung in Deutschland: Begriffe, Relevanz und Konsequenzen*. Stuttgart: Kohlhammer.

Beckmann, M. J. 1956. *A flow model of communication. Towards an economic theory of information*. Cowles Foundation Discussion Paper No. 20

Bettmann, J. R. 1979. *An information processing theory of consumer choice*. Reading: Addison-Wesley Publishing.

Bundesministerium für Wirtschaft und Technologie. 2007. *Dokumentation Nr. 562: Der Mittelstand der Bundesrepublik Deutschland – Eine volkswirtschaftliche Bestandsaufnahme*. Berlin.

Capgemini. 2012. *The deciding factor: Big data &; decision making*. https://www.uk.capgemini.com/resource-file-access/resource/pdf/The_Deciding_Factor__Big_Data___Decision_Making.pdf.

Carroll, J., und Johnson, E. J. 1990. *Decision research. A field guide*. London: Sage.

Literatur

Damken, N. 2007. *Corporate Governance in mittelständischen Kapitalgesellschaften. Bedeutung der Business judgment rule und der D &; O-Versicherung für Manager im Mittelstand nach der Novellierung des 93 AktG durch das UMAG*. Edewecht: Oldenburger Verlag für Wirtschaft, Informatik und Recht

Dijksterhuis, A. 2010. *Das kluge Unbewusste. Denken mit Gefühl und Intuition*. Stuttgart: Klett-Cotta.

Europäische Kommission. 1996. *KMU-Definition: Empfehlung der Kommission vom 03. April 1996*. Amtsblatt der Europäischen Gemeinschaft, Nr. L 107.

Europäische Kommission. 2003. *KMU-Definition: Empfehlung der Kommission vom 06. Mai 2003*. Nr. L 124.

Fischer, M. 1998. *Visualisierung von Management-Informationen*. Regensburg: S. Roderer.

Forchhammer, L. S. 2010. *Gut entschieden? Zur Qualität von Entscheidungsprozessen in Unternehmen*. Gmund am Tegernsee: comTeammedia.

Fritz, W. 1988. Unternehmensziele und strategische Unternehmensführung. *Die Betriebswirtschaft* 48 (5): 567–586.

Gäfgen, G. 1968. *Theorie der wirtschaftlichen Entscheidung*. 2. Aufl. Tübingen: Mohr Siebeck.

Grochla, E. 1991. *Einführung in die Organisationstheorie*. 2. Aufl. Stuttgart: Schäffer-Poeschel Verlag.

Gronau, N. 2012. *Wettbewerbsfaktor Analytics. Status, Potenziale, Herausforderung; Forschungsstudie 2012*. Berlin: Gito Verlag.

Günterberg, B., und Kayser, G. 2004. *SMEs in Germany, facts and figures*. Bonn: Institut für Mittelstandsforschung Bonn.

Hausch, K., und Kahle, E. 2004. *Corporate Governance im deutschen Mittelstand: Veränderungen externer Rahmenbedingungen und interner Elemente*. Wiesbaden: Springer.

Heinen, E. 1976. *Grundfragen der entscheidungsorientierten Betriebswirtschaftslehre*. München: Gabler.

Horton, F. W. 1985. *Information resources management: Harnessing information assets for productivity gains in the office, factory and laboratory*. New Jersey: Prentice-Hall.

IBM Institute for Business Value. 2012. *Analytics: The real-world use of big data*. New York: IBM Institute for Business Value.

KPMG. 2012. *KPMG Survey: Executives looking for better access to mobile device and social networking data*. http://www.kpmg.com/us/en/issuesandinsights/articlespublications/press-releases/pages/kpmg-survey-executives-looking-for-better-access-to-mobile-device-and-social-networking-data.aspx. Zugegriffen: 4. Nov. 2015.

Mag, W. 1990. *Grundzüge der Entscheidungstheorie*. München: Vahlen.

Kubicek, H. 1981. Unternehmensziele, Zielkonflikte und Zielbildungsprozesse. *Wirtschaftswissenschaftliches Studium* 10 (10): 458–466.

Kupsch, P. 1979. *Unternehmensziele*. Stuttgart: Gustav Fischer Verlag.

Lang, C. 2004. *Organisation der Software-Entwicklung. Probleme, Konzepte, Lösungen*. Wiesbaden: Deutscher-Universitäts-Verlag.

Laux, H., Gillenkrich, R., Schenk-Mathes, H. 2012. Entscheidungstheorie, 8. Aufl., Berlin: Springer Gabler.

Laux, H. 1982. *Entscheidungstheorie Grundlagen*. Berlin: Springer Gabler.

Löbbe, J. 1995. Die Bedeutung externer Wirtschaftsinformationen für das Management -Strategien für die wirkungsvolle Nutzung und die Integration in ein Management-Informationssystem. In *Management-Informationssysteme*, Hrsg. R. Hichert und M. Moritz, 84–93. Berlin: Springer.

May, T. 2009. *The new know: Innovation powered by analytics*. New York: Wiley.

Motsch, A. 1995. *Entscheidung bei partieller Information. Vergleich entscheidungstheoretischer Modellkonzeptionen*. Wiesbaden: Gabler.

Sheikh, N. M. 2013. *Implementing analytics. A blueprint for design, development, and adoption*. Amsterdam: Elsevier Science.

Schopphoven, I. 1996. *Messung von Entscheidungsqualität. Konzeptualisierung, Operationalisierung und Validierung eines Meßinstrumentariums für Entscheidungsqualität*. Frankfurt a. M.: Peter Lang

Seidenfus, H. 1956. Zur Theorie der Erwartungen. In *John Maynard Keynes als Psychologe,* Hrsg. G. Schmölders, R. Schröder, und H. Seidenfus, 96–158. Berlin: Duncker & Humblot.

Töpfer, A. 1985. Umwelt- und Benutzerfreundlichkeit von Produkten als strategische Unternehmensziele. *Marketing ZFP* 7 (4): 241–251.

Wagenhofer, A. 2006. *Controlling und IFRS-Rechnungslegung. Konzepte, Schnittstellen, Umsetzung*. Berlin: Erich Schmidt.

Wallau, F. 2005. Mittelstand in Deutschland – Vielzitiert, aber wenig bekannt. In *Mittelstand in Lehre und Praxis,* Hrsg. F. Meyer. Aachen: Shaker.

Will, H. J. 1968. Betriebliche Informationssysteme – Versuch einer intelligenztechnischen Definition. *Zeitschrift für betriebswirtschaftliche Forschung* 20:648–669.

Wittmann, W. 1959. *Unternehmung und unvollkommene Information*. Köln: Springer Gabler.

Wollenhaupt, H. 1982. *Rationale Entscheidungen bei unscharfen Wahrscheinlichkeiten*. Frankfurt a. M.

Wulf, T., Stubner, S., Brands, C., Roleder, K., Meißner, P., und Hoffmann, C. 2012. *Planungs- und Entscheidungsverhalten deutscher Familien- und Nichtfamilienunternehmen*. Leipzig: Lehrstuhl für Strategisches Management und Organisation.

Forschungsmethodik 4

Nachdem in Abschn. 2.2.3 die Aufgaben des Projektrisikomanagements vorgestellt wurden, werden im folgenden Kapitel ausgewählte Methoden als Lösungsverfahren dieser Aufgaben aufgezeigt und kritisch diskutiert.

4.1 Forschungsdesign

Jede empirische Forschungsarbeit folgt prinzipiell einem logischen Aufbau, der zentrale Arbeitsschritte und eingesetzte Forschungsinstrumente der Untersuchung thematisiert (vgl. Atteslander 2010, S. 50 ff.). Dieser schematisierte Aufbau wird in der Literatur als **Forschungsdesign** oder Untersuchungsanordnung bezeichnet (vgl. Schnell et al. 2005, S. 211). Es beschreibt die grundlegende Art und Weise, wie eine empirische Fragestellung untersucht werden soll. Dies beinhaltet unter anderem alle **Entscheidungen**, die beispielsweise die **Stichprobenauswahl**, die Wahl der **Erhebungsmethoden** und der **Analysestrategien** betreffen.

Zu unterscheiden ist ein Forschungsdesign insbesondere von der Methode der Datensammlung (qualitativ und/oder quantitativ). Ein Forschungsdesign beinhaltet eine weitaus umfassendere Betrachtung als die reine Methode der Datensammlung. Es bildet die **logische Struktur** einer Untersuchung ab, die die Methode der Datensammlung beinhaltet. Die Reduktion eines Forschungsdesigns ausschließlich auf die Datenerhebung verengt vielfach die Gesamtsicht auf die Zielsetzung einer Untersuchung, möglichst widerspruchsfreie Erkenntnisse abzuleiten (vgl. Homburg et al. 2009, S. 175). Aus dem Grund, Forschungsfragen bestmöglich beantworten zu können, gewinnen Forschungsdesigns, die pragmatisch sowohl **quantitative** als auch **qualitative Methoden** umfassen (sog. **Mixed Method Research**) zunehmend an Bedeutung, wobei der Einsatz parallel oder sequenziell erfolgen kann wie Abb. 4.1 aufzeigt (vgl. Creswell / Plano Clark 2007, S. 5).

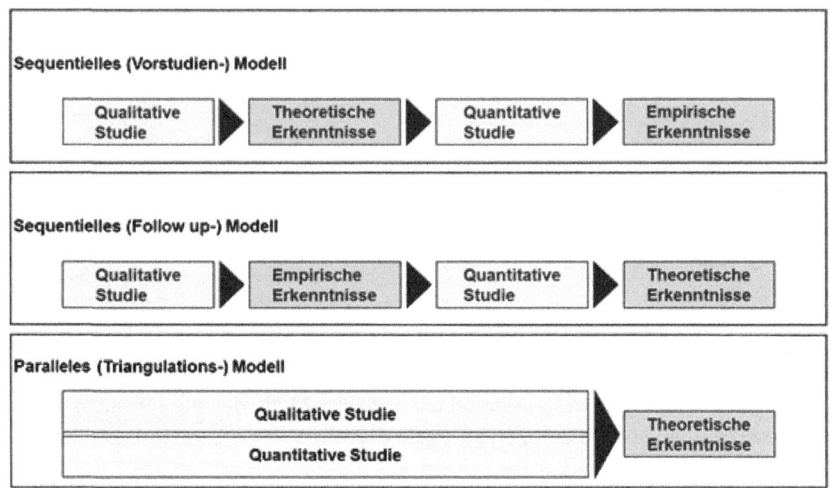

Abb. 4.1 Integration qualitativer/quantitativer Designs. (Quelle: Srnka 2007, S. 254)

Quantitative Forschungsmethoden basieren auf der zahlenmäßigen Erhebung und Beschreibung von Sachverhalten. In dieser numerischen Abbildung der Realität grenzen sie sich von **qualitativen Methoden** ab, welche die verbale Beschreibung ihrer Untersuchungsobjekte anstreben.

Qualitative Methoden sind durch die Umwandlung von Merkmalsausprägungen in eine numerische Form gekennzeichnet, bei denen Daten nicht natürlich in Zahlenform vorliegen (vgl. Schwaiger und Meyer 2009, S. 421 f.). In Bezug auf die Erklärungsmethodik lassen sich Forschungsdesigns in **explorativ** und **konfirmatorisch** differenzieren. Ein explorativer Ansatz versucht, unter einer großen Zahl eventuell möglicher Variablen, Strukturen und Zusammenhänge zu erkunden und zu entdecken. Die konfirmatorische Forschung hingegen baut auf bereits untersuchten Wirkungszusammenhängen auf und überprüft die aus dieser Theorie begründeten Thesen empirisch (vgl. Backhaus et al. 2003, S. 7) (siehe Abb. 4.2).

Die **Ableitung des Forschungsdesigns** für die vorliegende Untersuchung soll aus den Zielsetzungen des Forschungsprojekts erfolgen. Zunächst wird das Feld möglicher Forschungsdesigns aufgespannt um anschließend vor dem Hintergrund der Ziele des vorliegenden Beitrages ein geeignetes Forschungsdesign auszuwählen. Anschließend werden die daraus folgenden **Konsequenzen** für den Aufbau der Studie erläutert.

Die in Abschn. 3.5 dargestellten Befunde zeigen, dass die Fragestellung der **Entscheidungsfindung** in Unternehmen sowie in den einzelnen Unternehmensfunktionen, insbesondere durch die stetig wachsende Datenmenge, an Bedeutung

4.1 Forschungsdesign

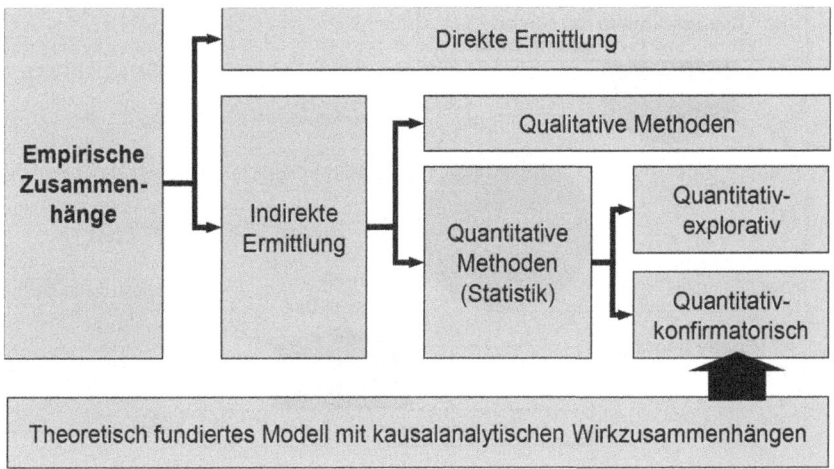

Abb. 4.2 Ermittlung empirischer Zusammenhänge. (Quelle: Becker und Ulrich 2011, S. 88)

zugenommen hat. Aus der Forschung zu Großunternehmen konnten einige Erkenntnisse gewonnen werden. Ihre Übertragbarkeitsprüfung auf mittelständische Unternehmen führte bereits zu ersten Ergebnissen. Ziel der vorliegenden Studie ist die **Verifikation** der aus diesen Ergebnissen gewonnenen ersten Zusammenhänge, die zur Mehrung der Wissensbasis für den Mittelstand beitragen soll. Im Mittelpunkt sollen dabei vor allem die Rahmenbedingungen für Entscheidungen in mittelständischen Unternehmen stehen, sowie Entscheidungen im Marketing und Vertrieb untersucht werden. Die Fragen danach, wie Entscheidungen auf Basis welcher Informationen und Systeme getroffen werden, stehen im Fokus. Dies führt dazu, dass in der vorliegenden Untersuchung **quantitativ-konfirmatorische Elemente** verwendet werden. Die Notwendigkeit gleichzeitig den bestehenden rudimentären Kenntnisstand um wichtige Aspekte zu erweitern, soll mit einer Erweiterung um **quantitativ-exploratorische Elemente** erreicht werden. Neben der wissenschaftlich-motivierten Zielsetzung sollen die Studienergebnisse zudem Handlungsempfehlungen für eine Ausgestaltung der Entscheidungsfindungsprozesse in der Praxis liefern.

Nach *Becker* können sinnvolle Forschungserkenntnisse nur durch die Synthese von aus betriebswirtschaftlichen Theorien abgeleiteten und aus empirischen Daten hergeleiteten Argumentationsschritten entstehen (vgl. Becker 1990, S. 296). Die **Forschung** im **Gegenstrom** nach *Becker* (Abb. 4.3) wird der vorliegenden Untersuchung zugrunde gelegt, indem deduktiv theoretische, sowie induktiv aus empirischen Studiengewonnene Erkenntnisse über das Entscheidungsverhalten im Mittelstand abgeleitet werden.

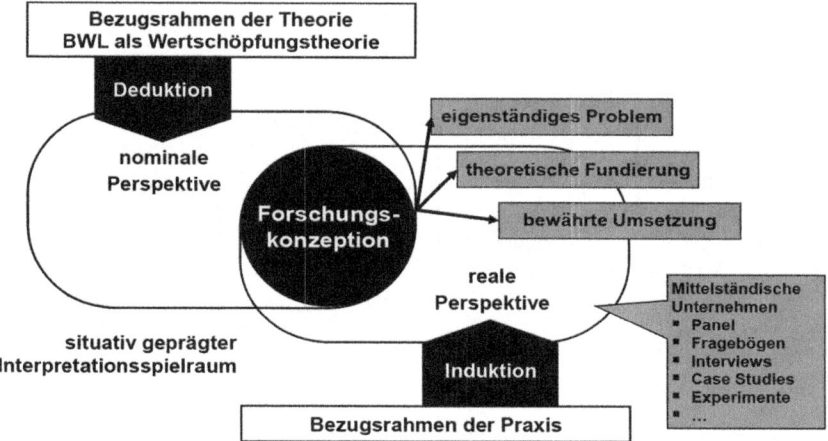

Abb. 4.3 Forschung im Gegenstrom. (Quelle: in Anlehnung an Becker 1990, S. 296)

4.2 Erhebungsmethoden

Die Methode zur Erhebung von Daten bezeichnet das Verfahren zur Gewinnung, der für die Untersuchung notwendigen Daten. Hierfür steht eine Vielzahl an Möglichkeiten zur Verfügung. In der einschlägigen Literatur werden im Rahmen der primären Datenerhebung drei Hauptformen unterschieden: die Befragung, die Beobachtung und das Experiment. Die verbreitetste Form der Datenerhebung sind verschiedene Arten der **Befragung**. Die Wahl des Erhebungsverfahrens hängt maßgeblich von drei Faktoren ab: der inhaltlichen Fragestellung, dem Zugang zum Feld und den Kosten, die die Studie verursachen darf und die bei der Anwendung der Erhebungsmethode entstehen.

Im Rahmen einer quantitativen Untersuchung ist es häufig nicht möglich, alle Objekte einer Grundgesamtheit zu untersuchen. Die relevante **Grundgesamtheit** kann unbekannt oder eine Vollerhebung sein, die durch die Größe der untersuchten Population zu aufwendig ist. (vgl. Bortz und Döring 2002, S. 399). In diesen Fällen werden **Stichproben** gezogen und untersucht. Gemäß der Zielsetzung soll sich die Untersuchung auf mittelständische Unternehmen in Deutschland beschränken. Als **Grundgesamtheit** dienen somit alle mittelständischen Unternehmen, welche unter die in Abschn. 2.1 dargestellte Mittelstandsdefinition fallen. Aufgrund der Vielzahl der Probanden, die unter die in Abschn. 2.1 genannte Definition fallen, wird eine

4.2 Erhebungsmethoden

Teilerhebung durchgeführt. Somit wird nur ein Teil der Grundgesamtheit, eine sogenannte Stichprobe, in die Untersuchung miteinbezogen. Die Merkmalsträger sollten dabei so ausgewählt werden, dass sie hinsichtlich der Untersuchungsmerkmale repräsentativ für die Grundgesamtheit sind und somit einen sogenannten **Repräsentationsschluss** von der Stichprobe auf die Grundgesamtheit ermöglichen. Voraussetzung hierfür ist eine Strukturgleichheit (Isomorphie) zwischen Stichprobe und Grundgesamtheit, d.h. die in der übergeordneten Grundgesamtheit bestehenden Relationen müssen sich in der Stichprobe wieder finden (vgl. Böhler 2004, S. 131 f.).

Ein klassisches Verfahren der Datenerhebung ist die **Befragung**. Diese lässt sich in persönlich-mündliche, schriftliche, telefonische und Onlinebefragungen unterscheiden. Zur Verfolgung eines quantitativen Ansatzes ist darauf zu achten, dass die **Daten** möglichst **standardisiert** erhoben werden (vgl. Diekmann 2006, S. 373 f.). Geleitet von dem Ziel, eine möglichst **breite Querschnittserhebung** durchzuführen, hätten persönliche Interviews oder eine telefonische Befragung einen hohen Aufwand verursacht. Zur Erhebung der Daten wurde deshalb auf das Erhebungsinstrument der **schriftlichen Befragung** mit Hilfe eines semi-standardisierten Fragebogens zurückgegriffen. Bei einer rein schriftlichen Befragung wird der Nachteil in Kauf genommen, dass die Erhebungssituation unkontrolliert ist und die befragten Personen möglicherweise Fragen falsch verstehen (vgl. Bortz und Döring 2006, S. 253).

Die **Konstruktion** eines **Fragebogens** ist als Kunstlehre (vgl. Schumann 2000, S. 51) zu bezeichnen. Dabei ist die **Operationalisierung** der Forschungsfrage im Fragebogen das Hauptproblem bei der Fragebogen-Entwicklung. In der Fachliteratur werden mittlerweile alle Arten von **Fragetypen** beschrieben: **Offenheit respektive Geschlossenheit** einer Frage bezeichnen den Spielraum, der dem Antwortenden gelassen wird. Die **offene Frage** enthält keine festen Antwortkategorien. Die befragte Person kann ihre Antwort völlig selbstständig formulieren. Diese wird erst später bei der Auswertung bestimmten Kategorien zugeordnet. Bei der **geschlossenen Frage** werden dem Befragten zugleich auch alle möglichen oder zumindest alle relevanten Antworten – nach Kategorien geordnet – vorgelegt (vgl. Atteslander 2010, S. 146). Offene Fragen helfen Unwissenheit und Missverständnisse zu entdecken. Geschlossene Fragen bringen dagegen eine größere Einheitlichkeit der Antworten und erhöhen die Vergleichbarkeit. Bei einer skalierten Frage wird die Intensität einer Meinung messbar gemacht.

Zum Zweck der größtmöglichen Standardisierung wurden in der vorliegenden Studie mehrheitlich geschlossene Fragen formuliert, sowohl in **skalierter** als auch in **nicht-skalierter** Form. Skalierte Fragen enthalten stärker differenzierte Antwortmöglichkeiten, nicht-skalierte Fragen dagegen enthalten oft nur ja/nein-Antwortmöglichkeiten. Das Vorgeben fester Antwortalternativen fordert nur das Wiedererkennungsvermögen der Befragten. Dies erleichtert sowohl die Beantwortung als auch die Auswertung des Fragebogens.

Einige wenige Fragen wurden als **halboffene Fragen** konzipiert, d.h. es erfolgte eine Kombination aus offenen und geschlossenen Antwortalternativen. Der Befragte kann somit bei Bedarf zu den standardisierten Antwortalternativen, ergänzende in der Regel qualitative Aussagen formulieren (vgl. Diekmann 2006, S. 408). Wo die Literatur nur wenige Anhaltspunkte für die Formulierung geschlossener bzw. halboffener Fragen lieferte, wurden **offene Fragen** formuliert.

Der Verwendung **geeigneter Skalen** kommt im Forschungsprozess überragende Bedeutung zu. Die Skalentypen der Fragen entscheiden darüber, welche sinnvollen Aussagen daraus formuliert werden können. Grundsätzlich sind Nominal-, Ordinal-, Intervall-, Ratio- und Absolutskalen zu unterscheiden. Im hier eingesetzten Fragebogen kam v.a. die sogenannte **Likert-Skala** (Ordinalskala) zum Einsatz. Sie dient zur Messung von Einschätzungen (vgl. Rodeghier 1997, S. 19).

Der dieser Studie zugrundeliegende Fragebogen besteht aus sieben Teilen (siehe Abb. 4.4). Der **erste Teil** beschäftigt sich mit Rahmenbedingungen der Entscheidungsfindung im Mittelstand. Im **zweiten Teil** wird der Entscheidungsprozess im Unternehmen thematisiert. Entscheidungen in den jeweiligen Unternehmensfunktionen und der jeweiligen Befragten selbst, sind Bestandteil des **dritten** bzw. **vierten Teils**. Im **fünften** Teil werden Entscheidungen im Marketing und Vertrieb fokussiert während im **sechsten Teil** eine Bewertung der Entscheidungen im Unternehmen erfolgt. Der **letzte Teil** erhebt Angaben zur Stichprobencharakterisierung.

Eine **Triangulation** bezieht sich auf die Verbindung verschiedener qualitativer und quantitativer Erhebungsmethoden. Beide Methoden lassen sich nach *Kluge* miteinander integrieren (vgl. Kluge 2001, S. 63 ff.). Im vorliegenden Fall wurde die Fokussierung der standardisierten Befragung für die Gestaltung des Leitfadens für die Interviews genutzt, um so die quantitativen Ergebnisse der schriftlichen Befragung durch Experteninterviews zu flankieren bzw. zu verifizieren.

Nach *Gläser/Laudel* sind Experten definiert als: „[…] Menschen, die ein besonderes Wissen über soziale Sachverhalte besitzen und Experteninterviews sind eine Methode, dieses Wissen zu erschließen." (Gläser und Laudel 2006, S. 10). Sie sind folglich kein Untersuchungsobjekt, sondern Medien, die befragt werden, um Erkenntnisse zum eigentlichen Untersuchungsobjekt zu erlangen. Schließlich wurde durch die **Experteninterviews** die Äquidistanz der Skalenwerte validiert und somit die vorgenannte Likert-Skala, die im Wesentlichen eine Ordinalskala ist, zu einer **Intervallskala**, bei der von gleichgroßen Abständen zwischen den Ausprägungen auszugehen ist.

4.3 Ablauf der Datenerhebung

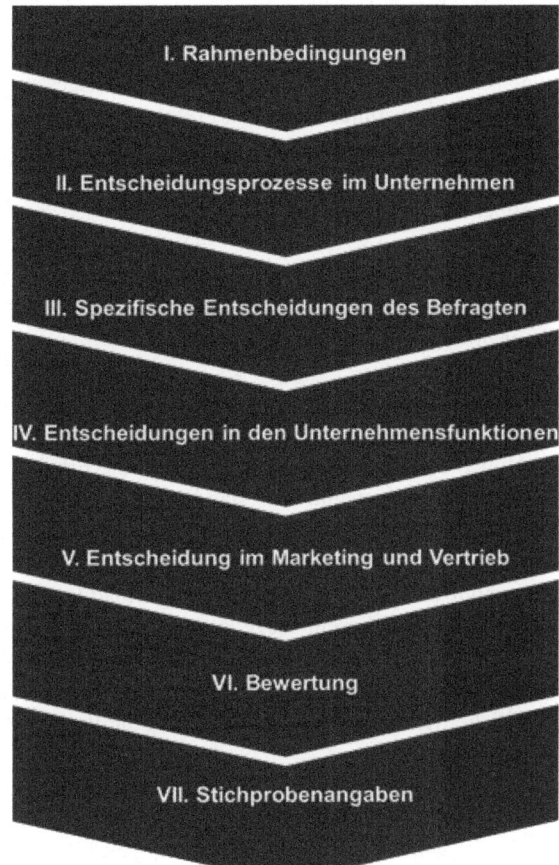

Abb. 4.4 Fragebogenstruktur

4.3 Ablauf der Datenerhebung

Im Folgenden wird der Ablauf der Datenerhebung der empirischen Studie aufgezeigt. Die Herangehensweise an die Datensammlung für die empirische Studie ist an einen Standardartikel zur Konzeptualisierung komplexer Konstrukte angelehnt (vgl. Homburg und Giering 1996, S. 11 f., Schnell et al. 2005, S. 8 ff.).

Es werden fünf Schritte verfolgt. Der erste Schritt, die **Grobkonzeptualisierung**, ist bedeutsam für ein grundlegendes Verständnis für die zu untersuchende

Fragestellung. Bei der vorliegenden Studie wurde hierfür eine fundierte Literaturrecherche durchgeführt. Schritt zwei beinhaltet die Konstruktion einer ersten Version des Fragebogens. Diese wurde in einem **Pretest** von insgesamt 3 Probanden in persönlichen Gesprächen evaluiert. Ziel des Pretests war hierbei insbesondere die Überprüfung nachfolgender Aspekte:

- Interesse gegenüber der Befragung;
- Verständnis der Fragen;
- Schwierigkeitsgrad der Fragen;
- Dauer der Befragung sowie
- Effekte der Frageanordnung.

Neben diesen Kriterien wird der Fragebogen mehrmals überarbeitet und anschließend eine endgültige Version erstellt. Daraufhin erfolgt die **Datenerhebung** selbst, im Zeitraum von November 2013 bis Januar 2014. Für die Erhebung wurde eine Primärerhebung als Methode gewählt. Der standardisierte Fragebogen war von Geschäftsführern, Eigentümern, Führungspersonen oder Managern selbstständig und schriftlich auszufüllen. Die Fragebögen wurden zum größten Teil auf postalischem Wege versandt und ein frankierter Rückumschlag beigelegt. Insgesamt wurden 1750 Unternehmen auf diesem Wege kontaktiert. Für die Studie verwertbar, antworteten 70 Unternehmen, was einer **Rücklaufquote** von 4,0 % entspricht.

Mit dem Ziel die Datenqualität zu sichern und die **Rücklaufquote** zu erhöhen, wurden unterschiedliche **Maßnahmen** verwendet, um die Probanden für die Befragung zu gewinnen.

Da schriftliche Befragungen, im Gegensatz zu mündlichen Befragungen, meistens den Nachteil einer niedrigeren Rücklaufquote mit sich bringen (vgl. Bortz und Döring 2006, S. 256 f.), wurde ein weiteres Vorgehen gewählt um die Rücklaufquote zu erhöhen. Bei Kontakten, an die bereits Fragebögen verschickt wurden, diese aber noch nicht zurückgekommen waren, wurden nach nicht länger als vier Wochen nach dem Abschicken Erinnerungsanrufe getätigt, oder der Fragebogen nochmals per E-Mail versandt.

Nach Abschluss der Studie wurden **Experteninterviews** mit dem Ziel geführt, die Ergebnisse der empirischen Studie zur Diskussion zu stellen und einen vertieften Blick in einzelne Fragestellungen zu erhalten.

4.4 Methoden der Datenanalyse

Wichtige Eigenschaft **quantitativer Methoden** ist die Anwendbarkeit statistischer Verfahren (vgl. Schnell et al. 2005, S. 447 f.). Die Daten der 70 Fragebögen wurden mit Hilfe einer Excel-Tabellenkalkulation erfasst. Nach Abschluss der Dateneingabe wurden alle Angaben einer **Plausibilitätskontrolle** unterzogen bei der Fehleingaben und Werte bereinigt, sowie unwahrscheinliche und unmögliche Wertkombinationen in den Datensätzen korrigiert wurden.

Zur Auswertung der **geschlossenen** und **halbgeschlossenen** Fragen des Fragebogens kommen verschiedene **uni-** und **bivariate Auswertungsverfahren** zur Anwendung. Während univariate Auswertungsverfahren nur eine Variable betrachten, für die sie eindimensionale **Häufigkeitsverteilungen**, **Lage-** sowie **Streuparameter** ausweisen, versuchen bivariate Auswertungsverfahren Beziehungen zwischen zwei Variablen aufzudecken. Zur Auswertung der **offenen Fragen** erscheint eine inhaltsanalytische Vorgehensweise nach *Mayring* zweckmäßig (vgl. Mayring 2007, S. 70 ff.). Dies bedeutet, dass das gesamte Antwortmaterial zur offenen Frage als Basis für die Kategorienbildung fungiert. Der **Prozess** der **qualitativen Inhaltanalyse** gestaltet sich im vorliegenden Fall wie folgt. In einem ersten Schritt muss für die Frage das Thema zur Kategorienbildung gewählt werden. Nach dieser Vorannahme wird nun das Material sorgfältig durchgearbeitet, mit dem Ziel inhaltlich sinnvolle Kategorien zu bilden. Eine neue Kategorie entsteht dabei immer, falls sich eine Antwort oder ein Antwortbestandteil nicht den vorherigen Kategorien zuordnen lässt.

Generell ist im Rahmen der Analysemethodik der vorliegenden Studie noch auf folgende zwei Punkte hinzuweisen. Aufgrund fehlender Antworten zu einzelnen Fragen konnten nicht immer alle **Datensätze** bei allen verwendeten Auswertungsverfahren berücksichtigt werden. Angesichts der im Vorfeld bereits großzügig aussortierten unvollständigen Fragebögen, handelt es sich hierbei nur um wenige Fragebögen mit einer sehr geringen Anzahl an fehlenden Angaben.

Zum zweiten ist aufbauend auf den analysierten Untersuchungsergebnissen bei der Interpretation der Untersuchungsergebnisse schließlich zu beachten, dass sich jene Probanden, die sich die Zeit und Mühe nehmen, einen Fragebogen zu beantworten und zu retournieren, von anderen Probanden in ihrem Entscheidungsverhalten sowie ihrer Expertise zum Thema stark unterscheiden können. Es besteht aus diesem Grunde immer die Gefahr einer möglichen **Antwortverzerrung**, weshalb ein diesbezüglicher **systematischer Fehler** in den Untersuchungsergebnissen nicht mit Gewissheit ausgeschlossen werden kann.

Literatur

Atteslander, P. 2010. *Methoden der empirischen Sozialforschung*. Berlin: Erich Schmidt.
Backhaus, K., B. Erichson, und W. Plinke. 2003. *Multivariate Analysemethoden. Eine anwendungsorientierte Einführung*. 10. Aufl. Berlin: Springer.
Becker, W. 1990. Funktionsprinzipien des Controlling. *Zeitschrift für Betriebswirtschaft* 60 (3): 295–318.

Becker, W., und P. Ulrich. 2011. *Mittelstandsforschung in Deutschland: Begriffe, Relevanz und Konsequenzen*. Stuttgart: Kohlhammer.

Böhler, H. 2004. *Marktforschung*. 3. Aufl. Stuttgart: Kohlhammer.

Bortz, J., und N. Döring. 2002. *Forschungsmethoden und Evaluation: Für Human- und Sozialwissenschaftler*. 3. Aufl. Berlin: Springer.

Bortz, J., und N. Döring. 2006. *Forschungsmethoden und Evaluation: Für Human- und Sozialwissenschaftler*. 4. Aufl. Berlin: Springer.

Creswell, J. W., und V. L. Plano Clark. 2007. *Designing and conducting mixed methods*. Thousand Oaks: SAGE.

Diekmann, A. 2006. *Empirische Sozialforschung: Grundlagen Methoden Anwendungen*. 15. Aufl. Hamburg: Rowohlt.

Gläser, J., und G. Laudel. 2006. *Experteninterviews und qualitative Inhaltsanalyse*. 2. Aufl. Wiesbaden: Verlag für Sozialwissenschaften.

Homburg, C., und A. Giering. 1996. Konzeptualisierung und Operationalisierung komplexer Konstrukte: Ein Leitfaden für die Marketingforschung. *Marketing – Zeitschrift für Forschung und Praxis* 18 (1): 5–24.

Homburg, C., O. Schilke, und M. Reimann. 2009. Triangulation von Umfragedaten in der Marketing- und Managementforschung. *Die Betriebswirtschaft* 69 (2): 175–195.

Kluge, S. 2001. Strategien zur Integration qualitativer und quantitativer Erhebungs- und Auswertungsverfahren. In *Methodeninnovation in der Lebenslaufforschung*, Hrsg. S. Kluge und U. Kelle, 37–88. Weinheim: Beltz Juventa.

Mayring, P. 2007. *Qualitative Inhaltsanalyse: Grundlagen und Techniken*. 9. Aufl. Weinheim: Beltz.

Rodeghier, M. 1997. *Marktforschung mit SPSS: Analyse, Datenerhebung und Auswertung*. Bonn: Redline.

Schnell, R., P. Hill, und E. Esser. 2005. *Methoden der empirischen Sozialforschung*. 7. Aufl. München: Oldenbourg.

Schumann, S. 2000. *Repräsentative Umfrage: Praxisorientierte Einführung in empirische Methoden und statistische Analyseverfahren*. 3. Aufl. München: Oldenbourg.

Schwaiger, M., und A. Meyer. 2009. *Theorien und Methoden der Betriebswirtschaft*. München: Vahlen.

Srnka, K. J. 2007. Integration qualitativer und quantitativer Forschungsmethoden. Der Einsatz kombinierter Forschungsdesigns als Möglichkeit zur Förderung der Theorieentwicklung in der Marketingforschung als betriebswirtschaftliche Disziplin. *Marketing ZFP* 29 (49): 247–260.

Charakterisierung der Probanden 5

Die **Charakteristika** der ermittelten Stichprobe werden anhand folgender Merkmale der teilnehmenden Unternehmen und Befragten dargestellt: Rechtsform, Branche, Umsatz, Mitarbeiterzahl im In- und Ausland sowie Anzahl der Niederlassungen/Standorte im In- und Ausland. Auf Basis dieser Daten werden dann Größenklassen auf der hier zugrunde liegenden Mittelstands-Definition des EKAM gebildet. Außerdem werden die Position und die funktionale Zuordnung der Befragten dargestellt. Darüber hinaus erfolgt eine Beschreibung der Kontrastierungsbasen dieser Studie.

5.1 Rechtsformen

Die Befragten geben in einer geschlossenen Frage an, welche **Rechtsform** ihr Unternehmen hat.

Die Abb. 5.1 verdeutlicht, dass über die Hälfte (56 %) der teilnehmenden Unternehmen als **GmbH** firmieren, gefolgt von **GmbH & Co. KG** mit 30 %. 7 % geben an, die Rechtsform der **AG** inne zu haben und 1 % die der **KG**. Sonstige Rechtsformen haben 6 % der Stichprobe. Alle Unternehmen machen eine Angabe zu dieser Fragestellung.

5.2 Branche

In einer offenen Frage zur Charakterisierung der Probanden wird die Branchenzugehörigkeit ermittelt. Die Branchenzugehörigkeit beinhaltet eine **Branchenkategorisierung** gem. den Angaben des *Instituts der deutschen Wirtschaft* in: Land-Forstwirtschaft/Fischerei; verarbeitendes Gewerbe/Bergbau/Energie/Was-

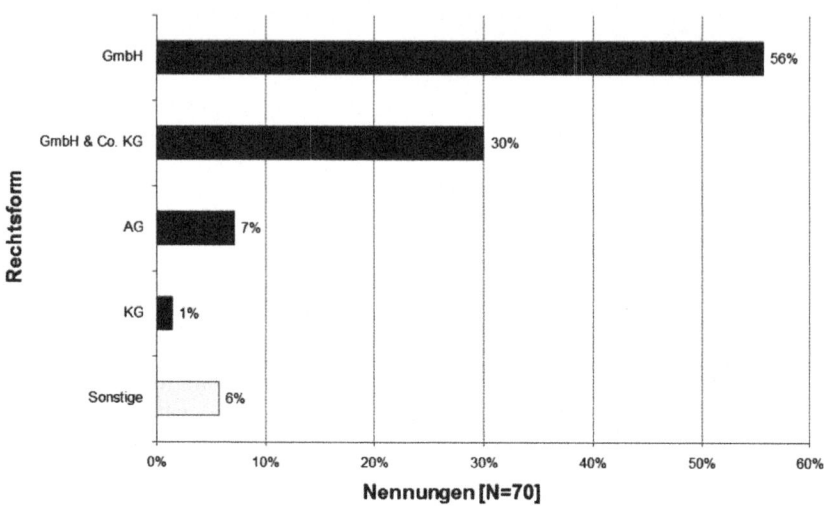

Abb. 5.1 Rechtsform der befragten Unternehmen

ser; Baugewerbe; Handel/Gastgewerbe/Verkehr; Finanzierung/Vermietung/Unternehmensdienstleistungen sowie öffentliche/private Dienstleister (Abb. 5.2).

Die Branchenverteilung der 70 befragten Probanden ergibt sich wie folgt: 40 % sind der Branche **verarbeitendes Gewerbe, Bergbau** oder **Energie/Wasser** zuzuordnen, 28 % dem **Handel, Gastgewerbe** oder **Verkehr**, 11 % sind im **Bauge-**

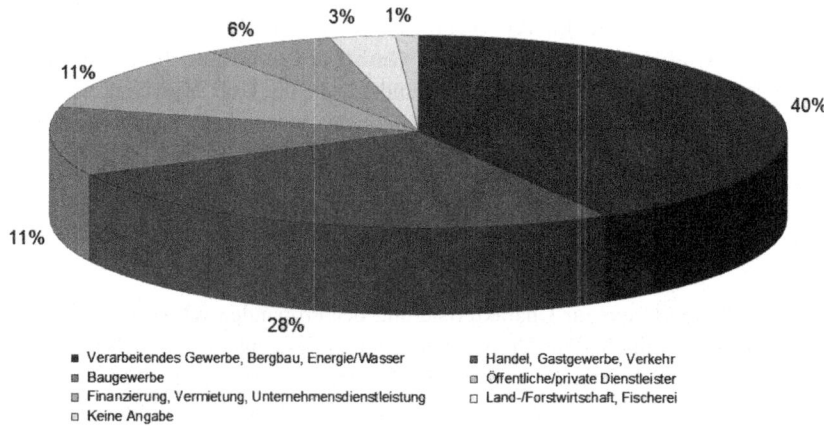

Abb. 5.2 Branchenzuordnung [$N=70$]

5.3 Umsatz

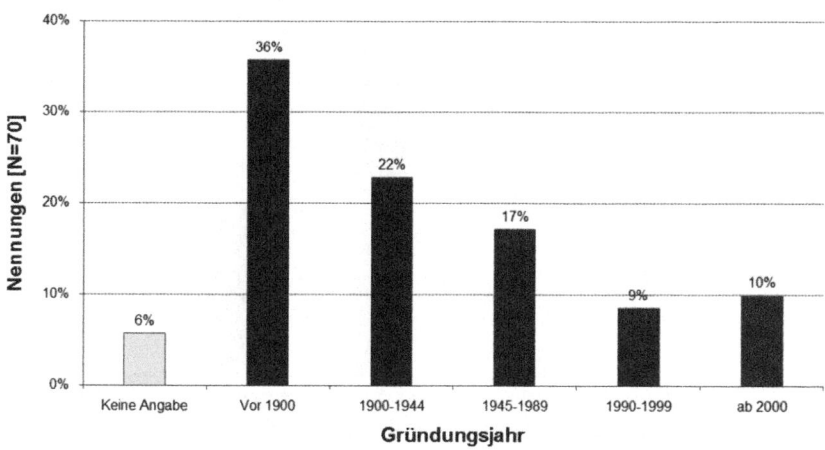

Abb. 5.3 Gründungsjahr

werbe tätig und weitere 11 % sind **öffentliche/private Dienstleister**. Weiterhin sind 6 % im Bereich **Finanzierung, Vermietung** oder als **Unternehmensdienstleistung** tätig und 3 % in der **Land-/Forstwirtschaft** oder **Fischerei**. 1 % der Befragten gibt hierzu keine Auskunft.

In einer offenen Frage werden die Probanden um die Angabe des Gründungsjahres ihres Unternehmens gebeten. Die Angaben werden dann in Kategorien zusammengefasst.

Wie Abb. 5.3 verdeutlicht, wurde die überwiegende Zahl der Unternehmen vor **1900** (36 %) gegründet, gefolgt von dem Zeitraum **1900–1944** (22 %) und **1945–1989** (17 %). 9 % der Unternehmen wurden zwischen **1990–1999** gegründet und 10 % ab dem Jahr **2000**. 6 % der Befragten machen **keine Angaben**.

Weiterhin werden die Probanden gebeten, eine Angabe hinsichtlich des **Umsatzes**, der **Mitarbeiterzahl** und der **Anzahl** der **Niederlassungen/Standorte** zu tätigen. Diese Angaben werden im Folgenden detailliert erläutert.

5.3 Umsatz

In einer offenen Frage werden die Probanden um die Angabe des Umsatzes ihres Unternehmens gebeten. Die Angaben werden dann in Kategorien zusammengefasst (Abb. 5.4).

Der durchschnittliche Umsatz der 63 antwortenden Unternehmen liegt bei **63,1 Mio. €**. Davon weist der Großteil (56 %) einen Umsatz von **6 bis weniger**

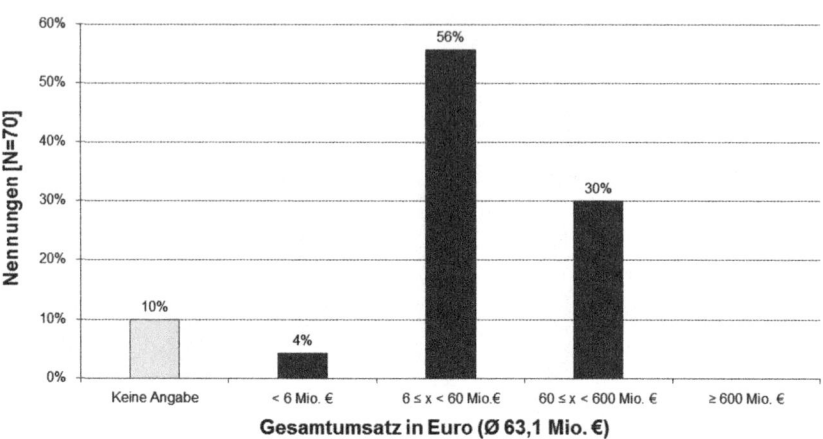

Abb. 5.4 Umsatz der Probanden

60 Mio. € auf. Weitere 30 % konnten einen Umsatz von **60 bis weniger 600 Mio. €** erwirtschaften und 4 % von **kleiner 6 Mio. €**. Einen Umsatz von **600 Mio. € und mehr** generierte keines der befragten Unternehmen. 10 % machen keine Angaben zu dieser Fragestellung.

5.4 Mitarbeiter

In einer offenen Frage werden die Probanden gebeten, eine Aussage zur **Beschäftigtenanzahl** ihres Unternehmens zu machen. Die Auswertung erfolgt anhand der vom EKAM definierten **Größenklassen**, die aus Abb. 5.5 entnommen werden können.

Die **durchschnittliche Mitarbeiterzahl** der Unternehmen, die auf diese Frage antworteten, liegt bei **400 Mitarbeitern**. Konkret geben 4 % an, **weniger als 30** Mitarbeiter zu besitzen. 56 % der Unternehmen beschäftigen **zwischen 30 und weniger als 300** Mitarbeiter. Weitere 36 % der Unternehmen geben an, zwischen **300 und weniger als 3000** Mitarbeiter zu beschäftigen. Lediglich 1 % der Unternehmen zählen **3000 und mehr** Mitarbeiter. Hinsichtlich dieser Fragestellung machen 3 % keine Angaben.

Darüber hinaus werden die Probanden gebeten, Auskunft darüber zu geben, wie viele Mitarbeiter davon im Ausland beschäftigt werden (Abb. 5.6).

Die **durchschnittliche Mitarbeiterzahl im Ausland** der Unternehmen, die auf diese Frage antworteten, liegt bei rund **96 Mitarbeitern**. Konkret geben 53 %

5.4 Mitarbeiter

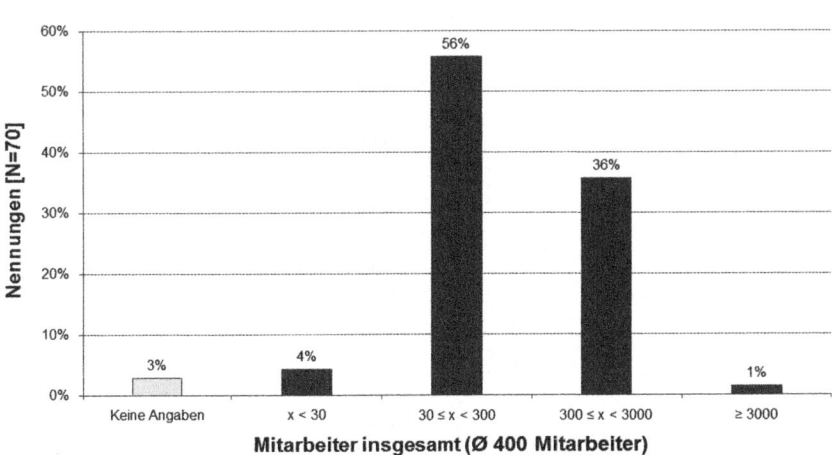

Abb. 5.5 Mitarbeiteranzahl der Probanden

an, **weniger als 30** Mitarbeiter im Ausland zu beschäftigen. Der Anteil derjenigen Unternehmen in dieser Kategorie, die keine Mitarbeiter im Ausland beschäftigen, ist mit 75% relativ hoch. Weitere 16% der Unternehmen beschäftigen **zwischen 30 und weniger als 300** Mitarbeiter, 8% der Unternehmen geben an, zwischen **300 und weniger als 3000** Mitarbeiter zu haben. Keines der Unternehmen zählen **3000 und mehr** Mitarbeiter im Ausland. Hinsichtlich dieser Fragestellung machen

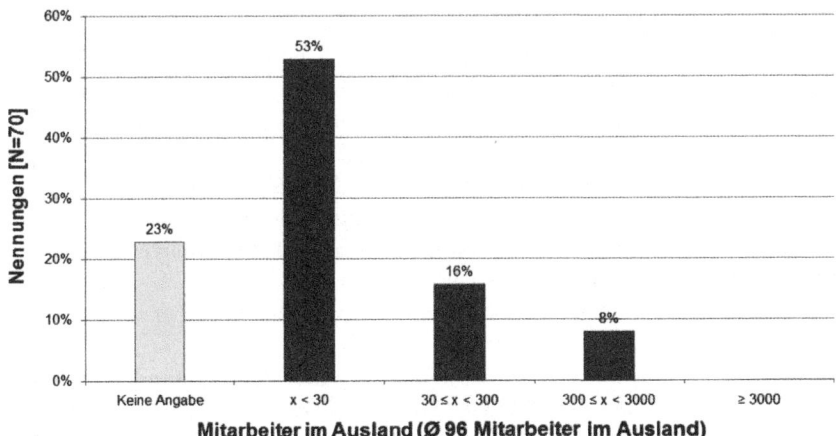

Abb. 5.6 Mitarbeiteranzahl der Probanden im Ausland

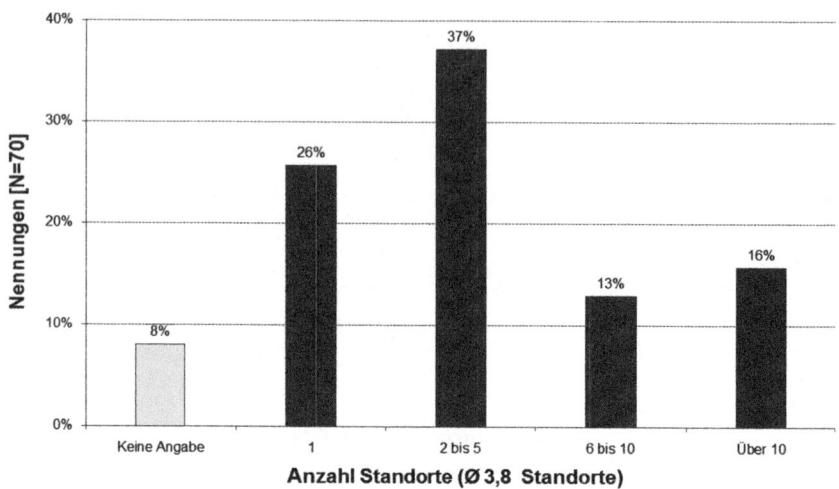

Abb. 5.7 Anzahl der Standorte/Niederlassungen der Befragten

23 % keine Angabe, was die Vermutung zulässt, dass keine Mitarbeiter im Ausland beschäftigt werden.

5.5 Niederlassungen

Die Charakterisierung der Größe eines Unternehmens erfolgt neben der Höhe des Umsatzes und der Anzahl der Mitarbeiter auch anhand der **Standorte/Niederlassungen**. In einer offenen Frage werden die Probanden gebeten anzugeben, über wie viele Standorte/Niederlassungen ihr Unternehmen verfügt (Abb. 5.7).

Die Anzahl der Standorte der befragten Unternehmen insgesamt stellen sich wie folgt dar: 26 % besitzen einen Standort, über **2 bis 5 Standorte** verfügen 37 % der Unternehmen, 13 % der Probanden haben **6 bis 10 Standorte** und weitere 16 % **haben 10 Standorte**. Die **durchschnittliche Anzahl der Standorte** beträgt rund **3,8 Standorte**. 8 % machen keine Angabe.

Darüber hinaus werden die Probanden gebeten Auskunft darüber zu geben, wie viele Standorte davon im Ausland ansässig sind (Abb. 5.8).

40 % der Unternehmen geben an, **keine(n) Niederlassung/Standort** im Ausland zu haben. Die **durchschnittliche Anzahl** der Niederlassungen/Standorte der Unternehmen, die eine Niederlassung/Standort im Ausland aufweisen, beträgt **3 Standorte**. Im Überblick geben 7 % dieser an, genau **eine Niederlassung/Stand-**

5.6 Größenklassen

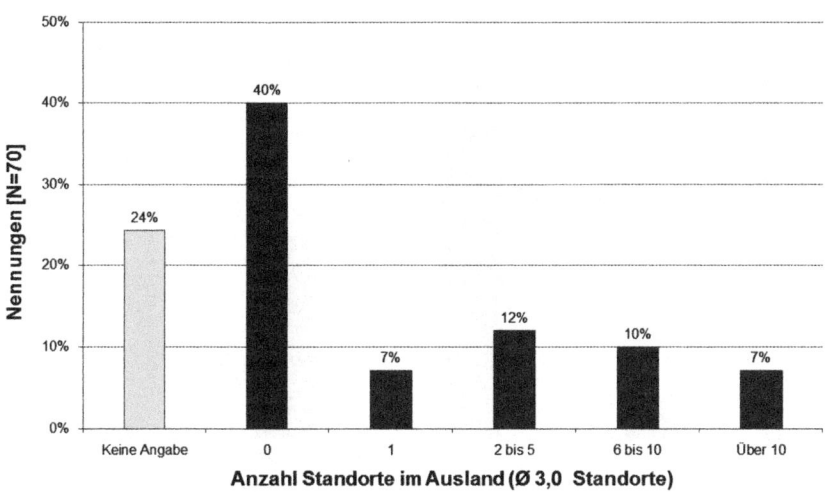

Abb. 5.8 Anzahl der Standorte/Niederlassungen im Ausland

ort zu besitzen, weitere 12% **2 bis 5** Niederlassungen/Standorte, 10% **6 bis 10** Niederlassungen/Standorte und nochmals 7% **über 10** Niederlassungen/Standorte. Hinsichtlich dieser Fragestellung machen 24% keine Angabe, was wiederum die Vermutung zulässt, dass diese Unternehmen keine Niederlassung/Standort im Ausland aufweisen.

5.6 Größenklassen

Anhand der Angaben zum Umsatz und der Mitarbeiteranzahl wird gem. der quantitativen **Mittelstandsdefinition** des EKAM (vgl. Becker und Ulrich 2011, S. 113) eine Zuordnung der Unternehmen in unterschiedliche Größenklassen vorgenommen. Die Abb. 5.9 verdeutlicht dies.

Der Anteil **kleiner Unternehmen** überwiegt mit 60%, gefolgt von **mittleren Unternehmen**, die zu 34% in dieser Studie vertreten sind. Als **Kleinstunternehmen** werden 4% der Unternehmen kategorisiert, **große Unternehmen** haben mit zwei Prozent an der Studie teilgenommen. Alle Unternehmen konnten somit einer Kategorie zugeordnet werden.

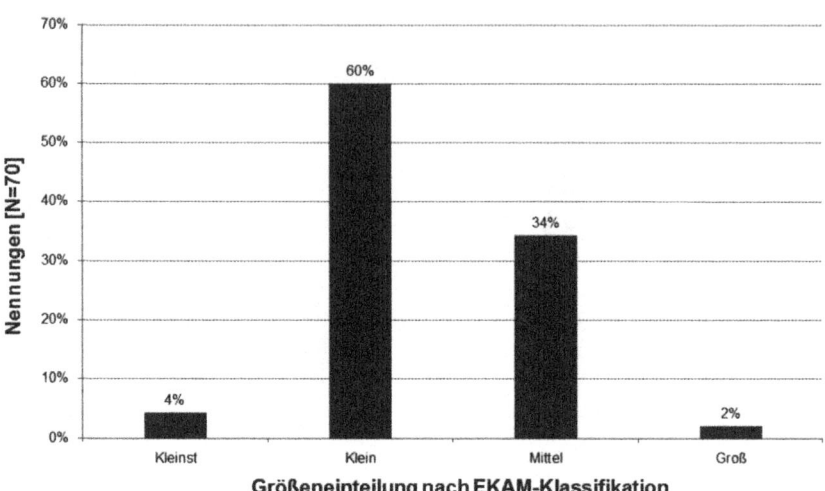

Abb. 5.9 Größenklassen antwortender Unternehmen

5.7 Position und funktionale Zuordnung der Befragten

Bezüglich der antwortenden Person wird in einer geschlossenen Frage erhoben, ob es sich dabei um einen Eigentümer/Gesellschafter oder (angestellten) Manager des Unternehmens handelt (Abb. 5.10).

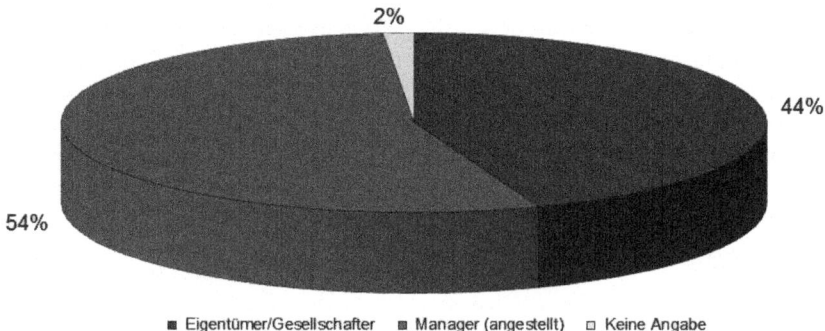

Abb. 5.10 Position der Befragten

5.8 Kontrastierungsbasen

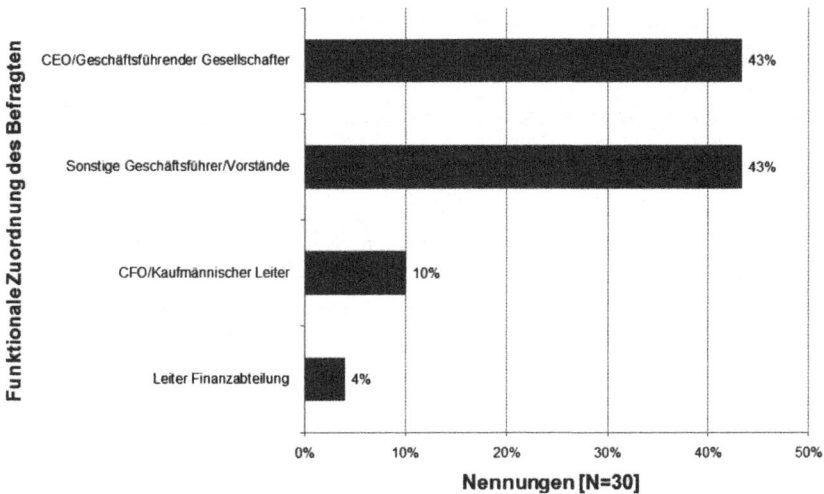

Abb. 5.11 Funktionale Zuordnung

44 % der Befragten geben an, als **Eigentümer/Gesellschafter** im Unternehmen tätig zu sein. Bei 54 % handelt es sich um **(angestellte) Manager**. 2 % der Befragten machen zu dieser Fragestellung keine Angabe.

Zusätzlich zu der Position des Befragten wird die **funktionale Zuordnung** des Befragten ermittelt. Die Abb. 5.11 verdeutlicht die funktionale Zuordnung der Befragten.

Der Großteil der Befragten (57 %) macht hierzu **keine Angabe**, da diese Studienteilnehmer generell anonym bleiben möchten und Großteils auch weitere Angaben zum Unternehmen und den Namen nicht zugänglich sind. Von den **nicht-anonymen Rückläufern** ist der Großteil **CEO/Geschäftsführender Gesellschafter** (43 %), sowie weitere 43 % **sonstige Geschäftsführer/Vorstände**. 10 % haben die Position des **CFO/Kaufmännischer Leiter** inne und 4 % sind **Leiter** der **Finanzabteilung**.

5.8 Kontrastierungsbasen

Zur **Kontrastierung** einzelner Auswertungen werden die Unternehmen nach Unternehmensgröße und Strategietyp differenziert. Die jeweiligen Kontraste werden an den Stellen der Studie dargestellt, an denen sich auch Unterschiede abbilden lassen. Von der Darstellung von Kontrasten ohne **wesentliche Ergebnisse** oder **Interpretationsmöglichkeiten** soll in dieser Studie abgesehen werden. **Größeneffekte** wirken in nahezu allen Unternehmensbereichen und stellen eine Hauptquelle für **Synergien** dar (vgl. Schwarz und Suedekum 2011, S. 88). Beispielsweise führt dies im Fertigungsbereich, aufgrund höherer Ausbringungsmengen, zu sinkenden Stückkosten. Dies wiederum kann Auswirkungen auf die Finanzierung der IT haben. Zur Kontrastierung werden die Unternehmen dazu in Kleinstunternehmen und kleine Unternehmen (**KKU**) sowie mittlere und große Unternehmen (**MGU**) differenziert. Die Basis hierfür bilden die Größenklassen aus Abschn. 3.1. bzw. Abschn. 5.6. Unternehmen die eine Beschäftigtenzahl von ca. 300 Mitarbeitern und einen Jahresumsatz bis ca. 60 Mio. € als Merkmale aufweisen können, fallen in die Kategorie KKU. Unternehmen die eines dieser Merkmale überschreiten, werden als MGU charakterisiert. Jedes der befragten Unternehmen konnte eindeutig zugeordnet werden.

Miles/Snow entwickelten auf Basis von Case Studies vier Strategie-Typen Defenders, Prospectors, Analyzers, Reactors. Sie argumentieren, dass unterschiedliche **Unternehmensstrategien daraus** entstehen, auf welche Weise Firmen **drei** grundlegende **Probleme** adressieren (Vgl. Miles und Snow 1978):

- das unternehmerische Problem (Produkt-Markt-Portfolio);
- das technische Problem (Leistungsschwerpunkt);
- das administrative Problem (Organisation).

Für jedes der drei Probleme müssen sich die Unternehmen einem Strategietyp zuordnen. Die **Kategorisierung** ist anhand des meistgenannten Strategie-Typs vorgenommen worden. Kommt es zur gleichen Anzahl von Nennungen von Prospector und Defender, so ist das Unternehmen den Analyzern zuzuordnen, da dieser Strategietyp Elemente von beidem aufweist. Kommt es zu einem Gleichstand von Prospector oder Defender mit Analyzern so sind auch diese Unternehmen den Analyzern zuzuordnen. Immer wenn an einem Gleichstand eine Ausprägung des Reactor-Typs beteiligt ist, so sind die Unternehmen immer als solche einzustufen.

Literatur

Becker, W., und P. Ulrich. 2011. *Mittelstandsforschung in Deutschland: Begriffe, Relevanz und Konsequenzen*. Stuttgart: Kohlhammer.
Miles, R. E., und C. Snow. 1978. Organizational Strategy, Structure and Process. *The Academy of Management Review* 3 (3): 546–562.
Schwarz, C., und J. Suedekum. 2011. Global Sourcing of Complex Production, Processes, CESifo Working Paper 5305. Bonn.

Führungsstruktur 6

Neben der Charakterisierung der Stichprobe wird im Folgenden zunächst analysiert, wie sich das **Leitungsgremium** sowie **Aufsichtsgremium**, inkl. zusätzlicher Differenzierung nach Familienmitgliedern, zusammensetzt. Außerdem erfolgt eine **detaillierte Veranschaulichung** der Struktur der Anteilseigner, der in die Erhebung einbezogenen Unternehmungen. Dies ermöglicht einen fundierten **Einblick** in die **Führungsstruktur** der **Stichprobe** bzw. der in ihr beinhalteten Unternehmungen.

6.1 Leitungsgremium

Die Probanden werden gefragt, aus wie vielen **Mitgliedern** das **Leitungsgremium** ihres Unternehmens besteht. Abbildung 6.1 verdeutlicht die Ergebnisse:

68 Unternehmen geben Auskunft zu dieser Fragestellung. Davon geben 79 % an, dass ihr Leitungsgremium aus **1 bis 3 Mitglieder** besteht. **4 bis 6** Mitglieder sind in 15 % der Leitungsgremien der befragten Unternehmen vertreten und **7 bis 10** Mitglieder in 6 % der Fälle.

Von den 68 Unternehmen, die eine Angabe machen, geben 30 Unternehmen zu Protokoll, dass **kein Familienmitglied** im Leitungsgremium vertreten ist. Von den restlichen 38 Unternehmen haben 97 % **1 bis 3 Familienmitglieder** im Leitungsgremium und 3 % **4 bis 6** Familienmitglieder (siehe dazu Abb. 6.2).

In einer weiteren Analyse wird das Verhältnis der Anzahl von Familienmitgliedern im Leitungsgremium zu der Anzahl der gesamten Mitglieder im Leitungsgremium untersucht (Abb. 6.3).

Keine Familienmitglieder, also ein Verhältnis von **0 %**, liegt bei 44 % der 68 Unternehmen vor, die eine Angabe über das Leitungsgremium getätigt haben. Bei 7 % der befragten Unternehmen liegt der Anteil der Familienmitglieder im Aufsichtsgremium bei über **0 % bis unter 25 %**. 10 % weisen ein Verhältnis von **25 bis**

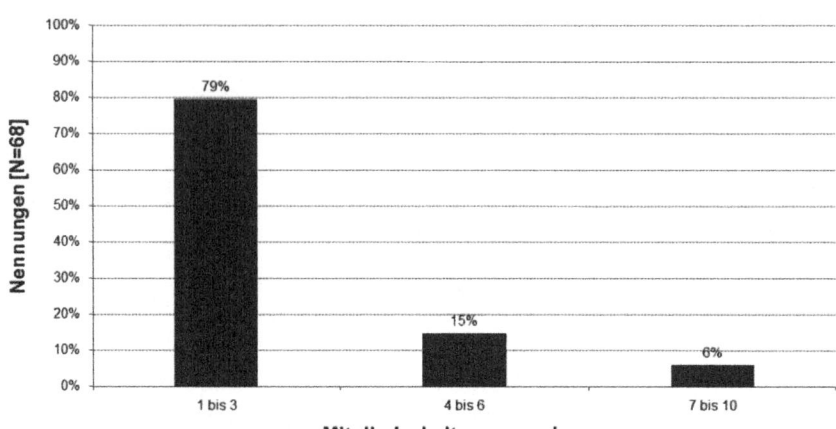

Abb. 6.1 Mitglieder im Leitungsgremium

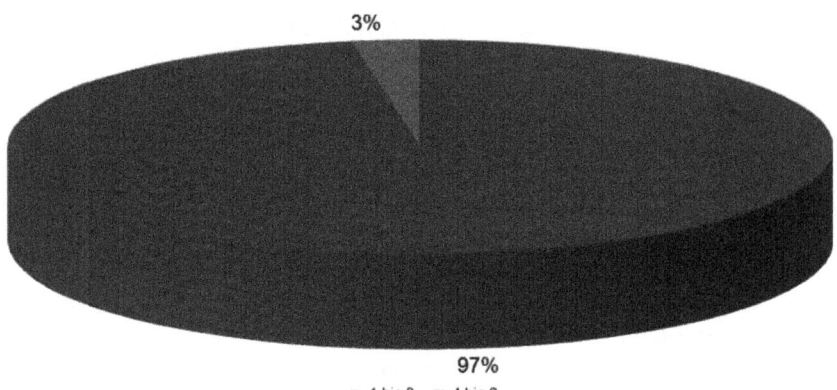

Abb. 6.2 Prozentualer Anteil Familienmitglieder im Leitungsgremium [$N=38$]

50 % auf und weitere 10 % von **über 50 % bis unter 75 %**. Kein Proband gibt an, dass der Anteil der Familienmitglieder im Leitungsgremium bei **75 % bis unter 100 %** liegt. 28 % weisen ein Verhältnis von **100 %** auf.

6.2 Aufsichtsgremium

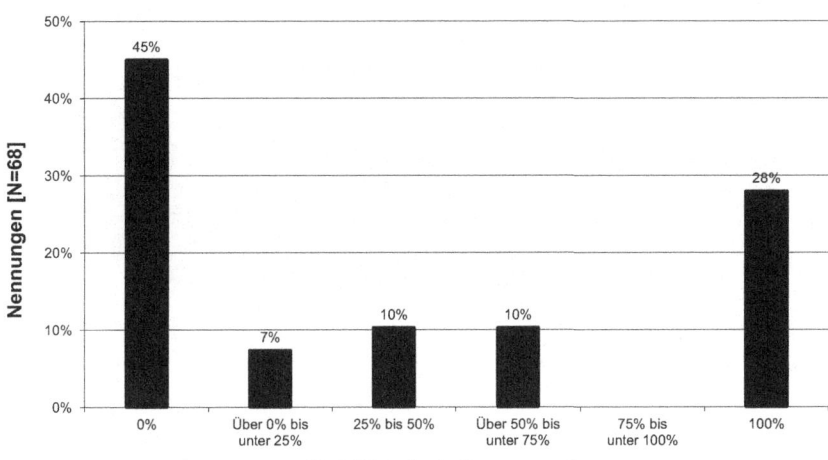

Abb. 6.3 Anteil Familienmitglieder im Leitungsgremium

6.2 Aufsichtsgremium

In einer weiteren Analyse werden die Anzahl der **Mitglieder** insgesamt sowie Familienmitglieder des **Aufsichtsgremiums** und das Verhältnis der Anzahl von Familienmitgliedern im Aufsichtsgremium zu der Anzahl der gesamten Mitglieder im Aufsichtsgremium untersucht (Abb. 6.4).

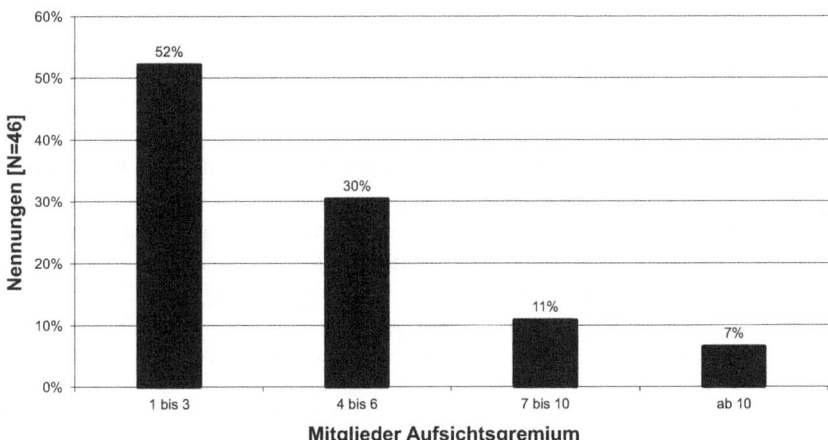

Abb. 6.4 Mitglieder im Aufsichtsgremium

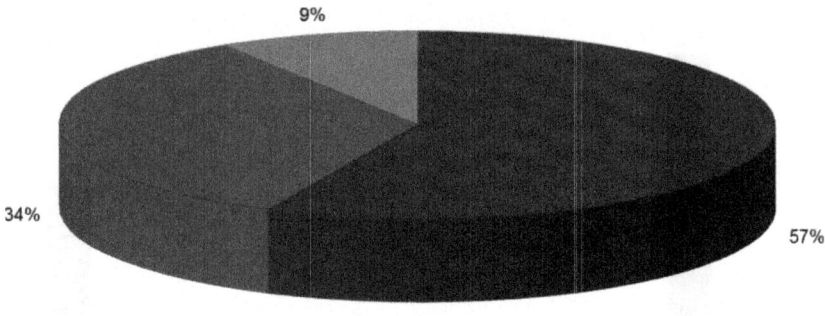

Abb. 6.5 Prozentualer Anteil Familienmitglieder im Aufsichtsgremium [*N*=19]

18 Unternehmen geben hierzu keine Auskunft, was Interpretationsspielraum dahingehend zulässt, dass diese Unternehmen über kein Aufsichtsgremium verfügen. 6 Unternehmen geben explizit an, über **kein Aufsichtsgremium** zu verfügen. Bei den restlichen 46 Unternehmen verteilt sich die Anzahl der Mitglieder wie folgt: bei 52 % besteht das Aufsichtsgremium aus **1 bis 3** Mitgliedern, bei 30 % aus **4 bis 6** Mitgliedern, bei 11 % aus **7 bis 10** Mitgliedern und bei 7 % aus **mehr als 10** Mitglieder.

Ferner werden die 46 Unternehmen, die über ein Aufsichtsgremium verfügen gebeten anzugeben, wie viele **Familienmitglieder** dort aktiv sind. Die Abb. 6.5 verdeutlicht die Ergebnisse.

8 der 46 Unternehmen geben keine Antwort, was auch hier wieder Interpretationsspielraum dahingehend zulässt, dass kein Familienmitglied im Aufsichtsgremium sitzt. Weitere 19 Unternehmen geben explizit an, dass **kein Familienmitglied** im Aufsichtsgremium tätig ist. Von den restlichen 19 Unternehmen haben 34 % **1 bis 3 Familienmitglieder** und 9 % **4 bis 6** Familienmitglieder im Aufsichtsgremium sitzen.

Im Folgenden wird das **Verhältnis** der Anzahl von Familienmitgliedern im Aufsichtsgremium zu der Anzahl der gesamten Mitglieder im Aufsichtsgremium untersucht (siehe Abb. 6.6).

63 % der 46 Unternehmen mit Aufsichtsgremium beschäftigen keine Familienmitglieder im Aufsichtsgremium. Bei 8 % der befragten Unternehmen liegt der Anteil der Familienmitglieder im Aufsichtsgremium bei **25 bis 50 %**. 13 % weisen ein Verhältnis von **über 50 % bis unter 75 %** auf. 15 % der Probanden geben an, dass der Anteil der Familienmitglieder im Aufsichtsgremium bei **100 %** liegt.

6.3 Anteilseigner

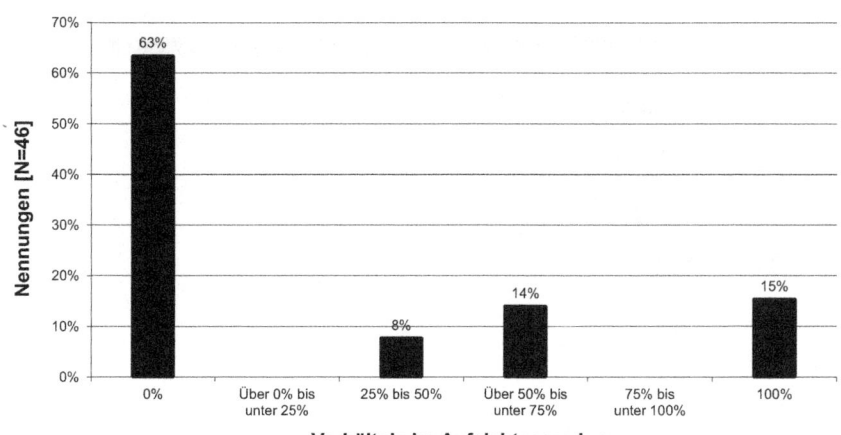

Abb. 6.6 Anteil Familienmitglieder im Aufsichtsgremium

6.3 Anteilseigner

In diesem Zusammenhang wird auch die **Struktur** der **Anteilseigner** der befragten Unternehmen analysiert. Zu diesem Zweck wird jeder Proband innerhalb des Fragebogens gebeten, die drei wichtigsten Anteilseigner und deren jeweilige prozentuale Anteile am Gesamtunternehmen (100%) in Prozent zu nennen. Die Abb. 6.7 gibt einen Überblick über die prozentuale Häufigkeit der Nennungen.

45 Unternehmen geben ihre Anteilseignerstruktur zu Protokoll. Diese wurden zu folgenden Klassen zusammengefasst: **Familie(n)** (80 %), **Investor(en)** (27 %), **Management** (11 %), **Mutterunternehmen** (9 %), **ein/mehrere Gesellschafter** (7 %), **Kommune** (4 %) und **Streubesitz** (2 %). 9 % der in Bezug auf diese Frage getätigten Antworten wurden zur Kategorie **Sonstige** zusammengefasst. Diese Kategorie enthält u.a. Anteile von Mitarbeitern.

Um eine Aussage darüber treffen zu können, wie groß die Anteile der einzelnen Eigner am Unternehmen sind, wird jeweils der **durchschnittliche**, der **minimale** und der **maximale Anteil** ermittelt. Die Ergebnisse zeigt Abb. 6.8.

Die Familie als häufigster Eigner sind zu durchschnittlich 73 % am Unternehmen beteiligt (Min: 10 %; Max: 100 %), gefolgt von Investoren mit den gleichen Maximal- und Minimalwerten (Min: 10 %; Max: 100 %) und einem Durchschnitt von 65 %. Das **Management**, als dritthäufigste Anteilseigner, sind durchschnittlich mit 15 % am Unternehmen beteiligt (Min: 10 %; Max: 40 %). Zählt das **Mutterunternehmen** zu den Unternehmenseignern, verfügt es durchschnittlich über

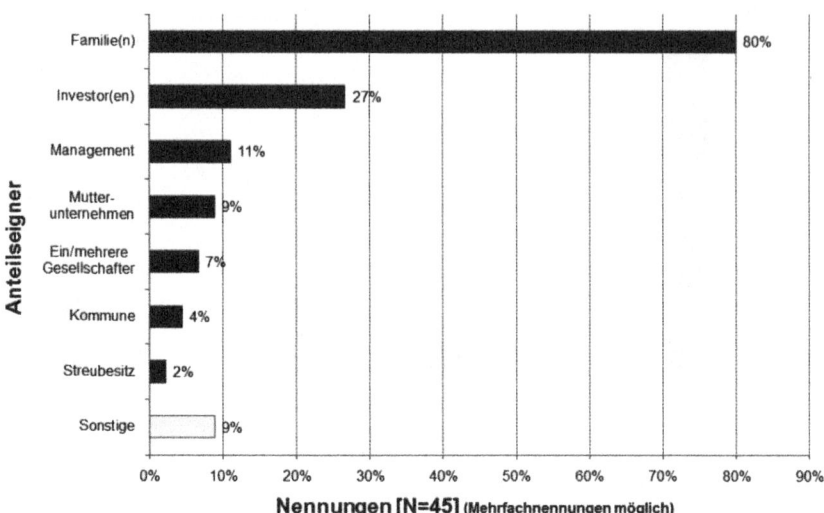

Abb. 6.7 Klassifikation der Anteilseigner

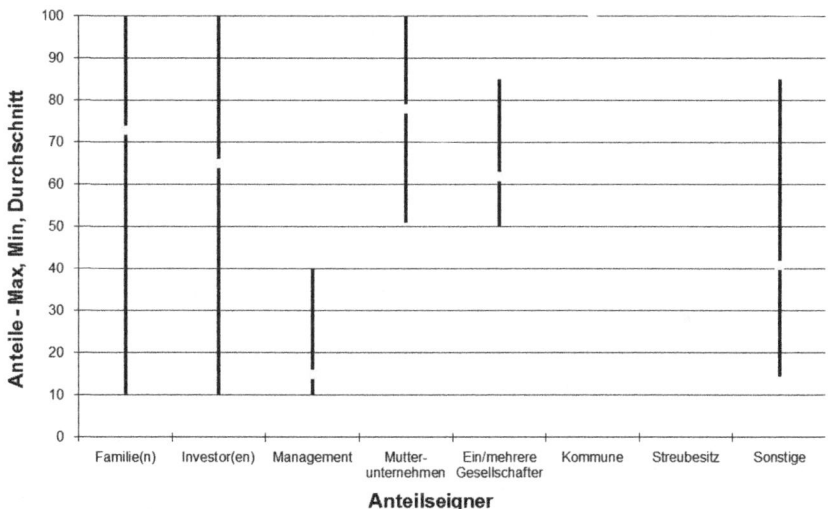

Abb. 6.8 Anteile der Anteilseigner

78% der Anteile, mit einer Spannweite von minimal 51 bis maximal 100%. Die nur relativ selten als Eigner vertretenen **ein/mehrere Gesellschafter** besitzen durchschnittlich 62% des Unternehmensanteils (Min: 50%; Max: 85%). Befindet

6.3 Anteilseigner

sich ein Teil des Unternehmens im Besitz einer **Kommune**, beträgt dieser Anteil im Durchschnitt 100% (Min: 100%; Max: 100%). Der Streubesitz bewegt sich bei einem Durchschnitt von 28%, dies auch im Minimum und Maximum. **Sonstige** sind durchschnittlich mit 41% am Unternehmen beteiligt (Min: 1%; Max: 85%).

Die Charakterisierung der Stichprobe hat der **Heterogenität** der Anteilseigner-, Leitungs- und Besitzstruktur ausreichend Rechnung getragen. Einerseits verdeutlicht die Stichprobe die für mittelständische Unternehmen typische Verteilung der Anteile des Unternehmens, da v.a. Familien durchschnittlich die größten Anteilseigner sind, gefolgt von Gesellschaftern und Investoren. Durch die **Heterogenität der Größenklassen** – Umsatz, Mitarbeiter sowie Standorte – kann zudem davon ausgegangen werden, dass die Analyse **mehrere Perspektiven** und somit eine **heterogene Gruppe** berücksichtigt, ohne an dieser Stelle einen Anspruch auf statistische Signifikanz zu erheben.

Insgesamt kann somit von einer Repräsentativität der Erhebung für den deutschen Mittelstand ausgegangen werden.

Rahmenbedingungen 7

Mittelständische Unternehmen sind externen sowie internen Einflussfaktoren ausgesetzt. Insbesondere interessant sind im Rahmen des Entscheidungsverhaltens die Unternehmens- und Datensituation sowie die IT-Landschaft der Unternehmen.

7.1 Status Quo der Entscheidungs- und Datensituation in Unternehmen

Zu Beginn werden die Probanden gebeten, allgemeine Thesen zur aktuellen Unternehmenssituation auf einer geschlossenen 5-stufigen Likert-Skala zu bewerten (Abb. 7.1).

Der ersten These „Die in unserem Unternehmen vorhandene Datenmenge hat in den letzten Jahren stark zugenommen." stimmen 36% zu und 51% stark zu. Der These „Wir müssen aufgrund zunehmender Komplexität des Umfelds Entscheidungen immer schneller treffen." stimmen 46% zu und 31% stark zu. *Forchhammer* zeigt in seiner empirischen Studie ebenfalls, dass 42% der Unternehmen immer schneller ihre Entscheidungen treffen müssen (vgl. Forchhammer 2009, S. 6). „Im Unternehmen müssen Entscheidungen auch ohne vollständige Informationen getroffen werden." dieser These stimmen 31% zu und 21% stark zu. Einer weiteren These „Für eine Entscheidung ist es uns nicht möglich, alle relevanten Daten zu sichten." stimmen 37% zu und 6% stark zu. Der letzten These „Die Datenmenge nimmt stärker zu als die Datenverarbeitungskapazität unserer IT-Systeme." stimmen jeweils 7% stark und sehr stark zu.

> Grundsätzlich habe sich die Unternehmenssituation sehr stark verändert. Heute können im Rahmen der IT viel größere Datenmengen verarbeitet werden. Aber mit der Verarbeitungskapazität wächst auch die Datenmenge, die heute anhand von klassischen Data Warehouse-Architekturen häufig nicht mehr managbar ist.

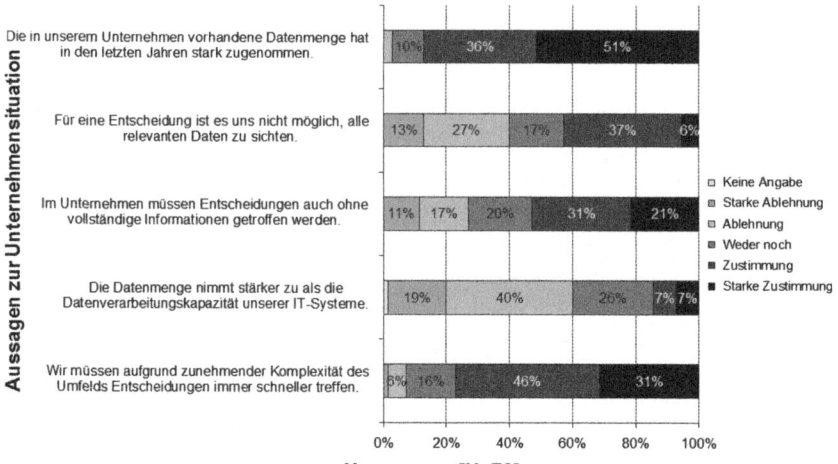

Abb. 7.1 Unternehmenssituation

Experte

Nach einer empirischen Untersuchung von *Mintzberg* erfüllt das formale **Informations-versorgungssystem** oft nicht die gestellten Anforderungen. Das Problem ist: „Während Manager auslösende, spekulative, aktuelle Informationen suchen, liefert das formale System in der Regel verdichtete, präzise und historische Informationen." (Mintzberg 1972, S. 92).

Betriebliche Entscheidungen hängen meistens von Zahlen ab. Sie begründen Entscheidungen oder regen sie an. Insofern ist es nachvollziehbar, dass **Entscheidungsträger** in Unternehmen mit einer steigenden Menge an Zahlen konfrontiert werden, getreu dem Motto: Je mehr Zahlen, desto besser die Entscheidung. Dies muss sicher nicht immer so sein. Zahlen können auch in die Irre führen. Sie verleiten stärker dazu, ihnen zu vertrauen, als es bei Worten der Fall ist. Der wachsenden Zahlenmenge steht eine **konstante Verarbeitungskapazität** der Entscheidungsträger gegenüber. Es wird daher gleichzeitig wichtiger, **Methoden** zu finden, mit deren Hilfe die **Informationsflut** auf die wenigen Sachverhalte reduziert wird, die wirklich relevant sind. Außerdem werden Verfahren benötigt, die **entscheidungsrelevante Sachverhalte** und Veränderungen erkennen. Je mehr Daten es gibt, desto schwieriger wird es, von alleine Veränderungen zu erkennen.

In einem ersten Schritt soll auch ein Einblick in die **Datensituation** der Unternehmen gegeben werden (Abb. 7.2). Sie bewerten daher hierzu allgemeine Thesen anhand einer 5-stufigen Likert-Skala.

7.1 Status Quo der Entscheidungs- und Datensituation in Unternehmen

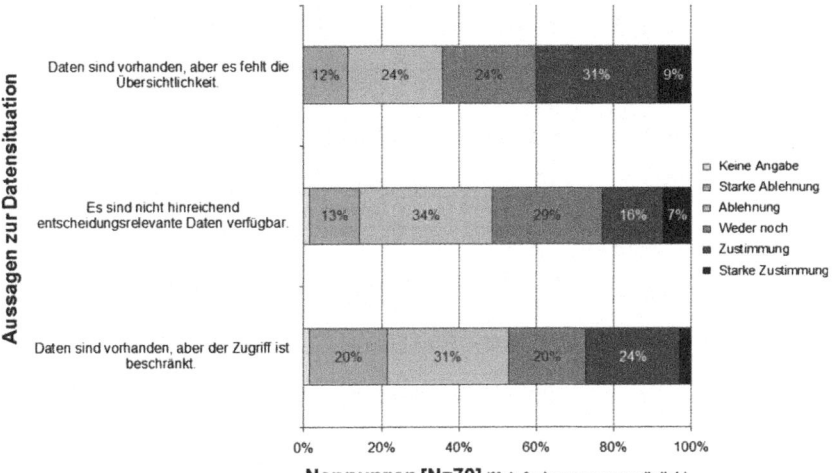

Abb. 7.2 Datensituation

Der These „**Daten sind vorhanden, aber es fehlt die Übersichtlichkeit.**" stimmen 31% zu und 9% stark zu. Schroeck et al. stellen fest, dass die Unternehmen in der Anfangsphase der Datenanalyse sind: 24% fangen erst an, sich mit Data Analytics bzw. Big Data zu beschäftigen, 47% definieren einen Strategieplan, 28% der Befragten implementieren bereits Big Data Pilotprojekte, überprüfen Konzepte oder führen Lösungskonzepte durch (vgl. Schroeck et al. 2012, S. 1). Der Aussage „**Daten sind vorhanden, aber der Zugriff ist beschränkt.**" stimmen 24% zu und 3% sehr stark zu. Der letzten These „**Es sind hinreichend entscheidungsrelevante Daten verfügbar.**" stimmen 16% zu und 7% stark zu. Der Begriff **Management-Informationssysteme** wird genutzt, um viele Subsysteme in Organisationen zu charakterisieren, die historisch-, gegenwarts- und zukunftsorientierte Informationen bieten. Die Rechnungslegungs-Informationen sind besonders geeignet, um regelmäßig auftretende **Routine-Aufgaben** zu lösen. Vergangenheits- und gegenwartsorientierte Informationen sind für diese Entscheidungen besonders relevant (vgl. McKinnon und Bruns 1992, S. 1ff.). Es gibt aber auch zahlreiche Entscheidungen, die Informationen und Daten mit anderen **Eigenschaften** benötigen. Die von Managern genutzten Informationstypen können anhand folgender **Charakteristika** näher beschrieben werden: Relevanz, Validität, Reliabilität, Aktualität, Integration, Objektivität, Standardisierung und Verdichtung. Die Probanden bewerten die **Datenbasis** ihres Unternehmens entlang dieser Charakteristika auf einer 5-stufigen Likert-Skala (Abb. 7.3).

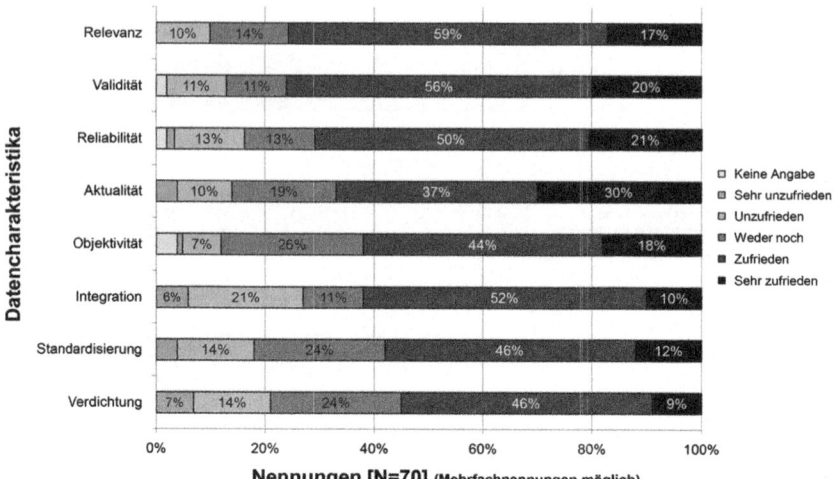

Abb. 7.3 Zufriedenheit mit den Dateneigenschaften

Mit der **Relevanz** der erhobenen Daten sind die Unternehmen zu 17% sehr zufrieden und zu 59% zufrieden. Mit der **Validität** sind die Unternehmen zu 20% sehr zufrieden und zu 56% zufrieden. Dicht gefolgt von der Zufriedenheit mit **Reliabilität** (sehr zufrieden: 21%; zufrieden: 50%) und **Aktualität** (sehr zufrieden: 30%; zufrieden: 37%). Die Zufriedenheit scheint etwas geringer zu sein für die **Objektivität** (sehr zufrieden: 18%; zufrieden: 44%), **Integration** (sehr zufrieden: 10%; zufrieden: 52%), **Standardisierung** (sehr zufrieden: 12%; zufrieden: 46%) und **Verdichtung** (sehr zufrieden: 9%; zufrieden: 46%).

7.2 IT-Situation im Unternehmen

Die große Bedeutung des Wissens im Leitungshandeln der Unternehmen wird zunehmend erkannt. Eine systematische Nutzung des Wissens setzt jedoch dessen Extraktion voraus. Wissensträger sind dabei nicht nur Menschen. Wissen ist in den Daten enthalten, die in der Regel in **Data Warehouses** abgelegt sind. Circa die Hälfte der Unternehmen hat ein zentrales Data Warehouse, die andere Hälfte nicht.

Allein die Bereitstellung von Daten im Data Warehouse führt jedoch noch nicht zur **Verbesserung** der **Qualität** der Entscheidungsfindung. Die Lösung der immer komplexer werdenden Probleme erfordert leistungsfähige Tools, die automatisch aus dem im Data Warehouse gehaltenen Daten, entscheidungsorientiertes Wissen generieren.

7.2 IT-Situation im Unternehmen

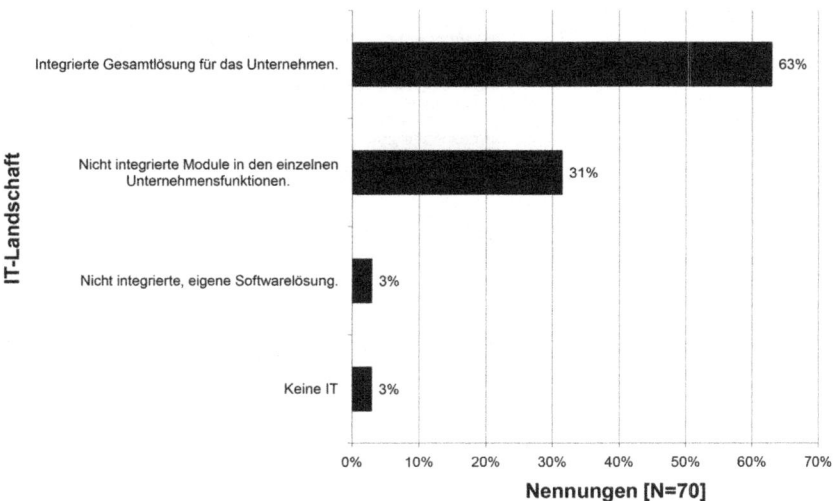

Abb. 7.4 IT-Landschaft

Die IT-Landschaft wurde mit einem Auswahlkatalog an Beispielen abgefragt, aus denen die Unternehmen die treffendste Beschreibung aussuchen sollten (Abb. 7.4).

Die IT-Landschaft der Unternehmen ist sehr verschieden. 63 % der Unternehmen haben eine **integrierte Gesamtlösung** für das Unternehmen, während 31 % **nicht integrierte Module** in den einzelnen Unternehmensfunktionen einsetzen. Eine **nicht integrierte, eigene Softwarelösung** haben 3 %, genauso viele Unternehmen besitzen **keine IT**.

Die Ergebnisse werden nun im Folgenden nach der **Unternehmensgröße** kontrastiert (Abb. 7.5).

Es zeigt sich, dass **kleinere Unternehmen** häufiger eine integrierte Gesamtlösung in ihrem Unternehmen einsetzen als **größere Unternehmen**. Umgekehrtes gilt für nicht integrierte Module in den einzelnen Unternehmensfunktionen. Eine empirische Studie zeigt, dass in Unternehmen mit mehr als **1000 Mitarbeitern**, seit 2009 der Gebrauch von **analytischen** Mitteln zu **Entscheidungshilfe** zunimmt. Dieser Gebrauch kann aber durch **fehlende Daten** oder Technologien, analytische Fähigkeiten und/oder **Management-Unterstützung** beeinträchtigt bis gestört werden (vgl. KPMG 2012). Diese Tatsache könnte sich vor dem Hintergrund erklären lassen, dass in kleineren Unternehmen aufgrund der geringeren Komplexität eine Integration einfacher sein dürfte, als in größeren Unternehmen.

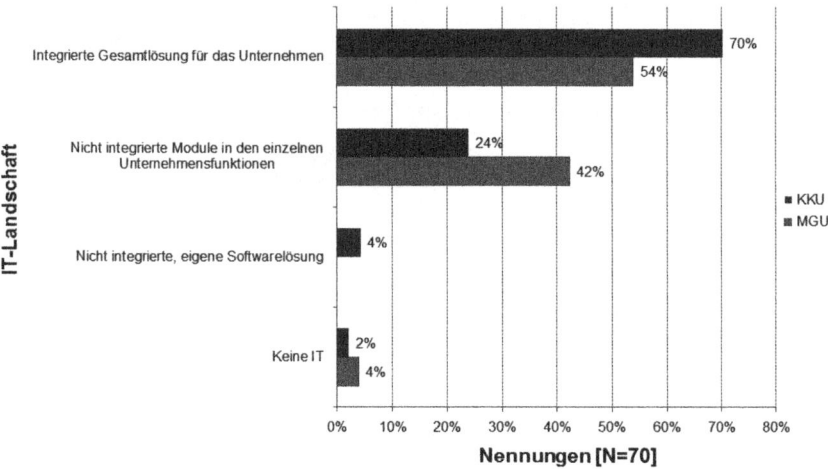

Abb. 7.5 IT-Landschaft und Unternehmensgröße

7.3 Zwischenfazit

Die Unternehmen stimmen weitestgehend der These zu, dass die **Datenmenge** stark zunimmt. Die **Umweltkomplexität** führt gleichzeitig dazu, dass Entscheidungen **schneller** getroffen werden müssen. Die Daten sind für diese Entscheidungen in einem Großteil der Unternehmen bereits vorhanden, es fehlt jedoch häufig an **Übersichtlichkeit**. Weiterhin sind die befragten Unternehmen mit der **Relevanz**, **Validität** und **Aktualität** ihrer Daten zufrieden, mit der **Integration** und **Objektivität** weniger. Schließlich nutzt etwa die Hälfte der Unternehmen eine zentrale **Datenhaltung**, die sie häufig als **integrierte Gesamtlösung** implementiert haben.

Literatur

Forchhammer, L. 2009. ComTeam Studie 2010: Gut entschieden? Zur Qualität von Entscheidungsprozessen in Unternehmen. Gmund am Tegernsee.

KPMG. 2012. KPMG survey: executives looking for better access to mobile device and social networking data. http://www.kpmg.com/us/en/issuesandinsights/articlespublications/press-releases/pages/kpmg-survey-executives-looking-for-better-access-to-mobile-device-and-social-networking-data.aspx. Zugegriffen: 4. Nov. 2015.

Mintzberg, H. 1972. The myths of MIS. *California Management Review* 15:92–97.

Literatur

McKinnon, S. M., und W. J. Bruns. 1992. *How managers get the information they really need. The information mosaic.* Boston: Harvard Business Press.

Schroeck, M., R. Shockley, J. Smart, D. Romero-Morales, und P. Tufano. 2012. *Analytics: Big Data in der Praxis – Wie innovative Unternehmen ihre Datenbestände effektiv nutzen. IBM Global Business Services.* Oxford: University Oxford Press.

Strategische Entscheidungsprozesse im Unternehmen 8

Im Rahmen der **Strategieforschung** wird bis heute häufig eine Unterscheidung dahingehend vorgenommen, ob eher der Strategieinhalt (strategy content) oder der Strategieprozess (strategy process) im Fokus stehen (vgl. Chia und Holt 2006, S. 635; Welge et al. 2000, S. 5).

Kern der **Strategieinhaltsforschung** sind die inhaltlichen Komponenten einer Strategie. In diesem Forschungsstrom wird den Fragen nachgegangen, welche Aussagen eine Strategie treffen muss, auf welchen Aspekten die Wettbewerbsvorteile beruhen, welche Strategietypen existieren und was Strategie bedeutet (vgl. Chia und Holt 2006, S. 635).

Die **Strategieprozessforschung** hingegen beschäftigt sich v.a. damit: „*[...] how effectively strategies are shaped within the firm and then validated and implemented efficiently [...]*" (Chakravarthy und Doz 1992, S. 5), d.h. wie Strategien entstehen und umgesetzt werden.

8.1 Strategieinhalt

Der Strategieinhalt bezieht sich auf die Ziele und die wettbewerbliche Positionierung des Unternehmens. Hierbei werden in der Literatur regelmäßig die strategische Grundausrichtung (strategic stance) und strategische Initiativen (strategic actions) zur Sicherstellung dieser Orientierung unterschieden.

Miles/Snow argumentieren, dass unterschiedliche **strategische Ausrichtungen** auf die Weise entstehen, wie Unternehmen **drei** grundlegende **Probleme** adressieren (vgl. Miles und Snow 1978; Gibbons/Fhionnlaoich/Sharma 2008, S. 4 ff.):

- das unternehmerische Problem;
- das technische Problem;
- das administrative Problem.

Basierend auf der Lösung dieser drei Probleme unterscheiden die Autoren vier verschiedene Strategietypen. **Defenders** ignorieren die Entwicklung und Trends außerhalb ihres Markts und suchen die Stabilität. Unternehmen mit wettbewerbsfähigen Preisen oder Anbieter mit qualitativ hochwertigen Produkten tendieren zu dieser Strategie. Diese Unternehmen sind meist stark horizontal differenziert, die Kontrolle ist zentralisiert und es gibt eine formale Kommunikationshierarchie.

Die **Prospectors** sind das Gegenteil der Defenders. Das Ziel des Prospectors ist es, neue Produkte und Markterweiterungsmöglichkeiten zu finden. Der Erfolg hängt von Entwicklungen, Umweltfaktoren, Trends und Events ab. Deshalb spielt die Flexibilität auch in der Struktur eine wichtige Rolle. Eine flache formale Differenzierung, dezentrale Kontrolle, sowie laterale und vertikale Kommunikation prägen diesen Strategietyp.

Analyzers sind in der Mitte der beiden zuerst genannten Strategietypen und versuchen die beiden Elemente zu vereinen. Das Ziel dieses Strategietyps ist es, neue Produkte und Märkte zu gewinnen, mittels der Minimierung des Risikos und Maximierung der Chancen. Unternehmen übernehmen erfolgreiche Ideen von Prospectors und bearbeiten ihre Märkte wie Defenders. Ihre Struktur beinhaltet Flexibilität und Stabilität zugleich. Gleichzeitig beabsichtigen Analyzer eine geringere Gewinnmarge als Prospectors und sind in der Regel effizienter, da Prospectors ein ungleich höheres Risiko tragen.

Reactors haben dagegen keine richtige Strategie. Diese Strategieform tritt auf, wenn die anderen drei Strategietypen nicht richtig oder fehlerhaft umgesetzt worden sind. Auch wenn ein Wechsel der Strategie, trotz Änderung der Umweltbedingungen nicht durchgeführt wird, stuft man Unternehmen in diesen Strategietyp ein. Die Übertragbarkeit der Strategie-Typen auf den Mittelstand wurde u.a. von Gimenez (1999) und Blackmore und Nesbitt (2013) dargelegt.

Die Befragten sollen ihre Unternehmen im Rahmen der drei auftretenden Probleme in eine der jeweils 4 Antwortkategorien einordnen. Im Rahmen des Produkt-Markt-Portfolios (unternehmerisches Problem) können die Probanden zwischen fokussiert und stabil, breit und kontinuierlich wachsend, segmentiert und genau angepasst, oder viele Marktchancen wählen. Für die Erfolgsschwerpunkte (technisches Problem) sind die Antwortalternativen Kosteneffizienz, Flexibilität/Innovation, technologische Synergien und Projektentwicklung und -durchführung vorgegeben. Schließlich sollen die Probanden ihre Organisation durch eine Zuordnung zu funktionsorientiert, produkt- und marktorientiert, matrixorientiert oder

8.1 Strategieinhalt

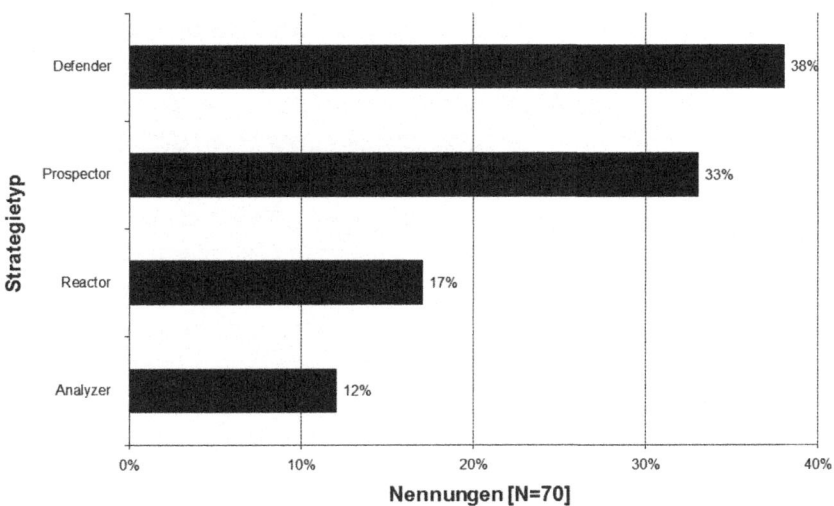

Abb. 8.1 Strategie-Typ

streng hierarchische Organisation beschreiben. Die Forscher haben auf der Basis dieser Antworten dann die einzelnen Unternehmen einem **Strategie-Typ** zugeordnet (Abb. 8.1).

In 38% der Fälle konnten die Unternehmen der Kategorie **Defender** zugeordnet werden. 33% gehören der Kategorie **Prospector** an und 17% der **Reactor**-Kategorie. Schließlich waren in der Stichprobe auch 12% der Unternehmen der Kategorie **Analyzer** zuzuordnen.

Strategische Aktionen manifestieren sich in strategischen Entscheidungen zur Aufrechterhaltung der strategischen Orientierung. Der **Strategieinhaltsforschung** folgend, untersucht die vorliegende Erhebung in einer geschlossenen Frage zunächst die Inhalte einer strategischen Entscheidung (Abb. 8.2).

Am häufigsten (sehr stark: 26%; stark: 47%) nehmen die Unternehmen die **Besetzung von Top-Management-Stellen** als strategische Entscheidung wahr, direkt gefolgt von der **Erschließung neuer Märkte** (sehr stark: 20%; stark: 52%) und **Veränderungen des Produktportfolios** (sehr stark: 16%; stark: 40%). Auch die **Einführung neuer IT-Systeme** (sehr stark: 17%; stark: 34%) und die **Veränderungen des Kundenportfolios** (sehr stark: 13%; stark: 39%) scheinen ein wichtiger strategischer Inhalt zu sein. Weniger häufig sehen die Stichprobenunternehmen die **interne Restrukturierung** (sehr stark: 0%; stark: 11%), die **Erweiterung des Gesellschafterkreises** (sehr stark: 11%; stark: 7%) und die **Auswahl von Zulieferern** (sehr stark: 4%; stark: 30%) als strategisch relevant an. Das Treffen der-

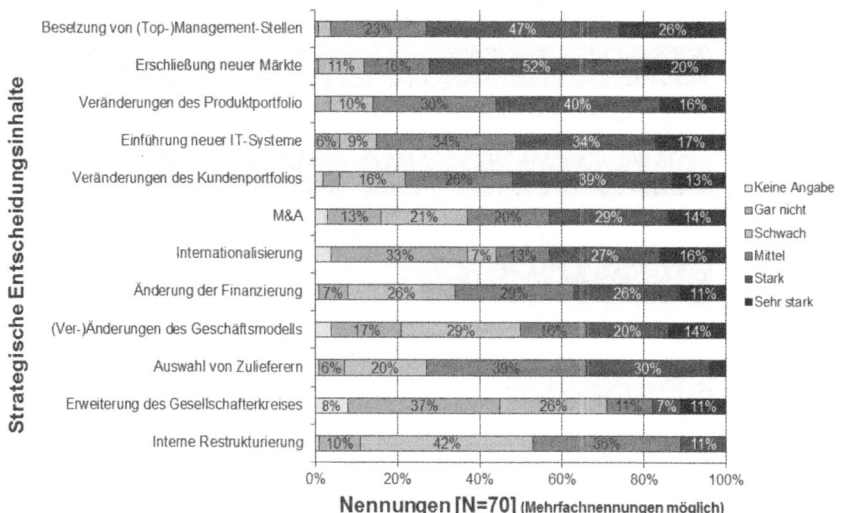

Abb. 8.2 Strategische Inhalte

artiger Entscheidungen hat weitreichende Auswirkungen auf die unternehmerische Wertschöpfung, weshalb forschungsseitig der Entscheidungsprozess strategischer Entscheidungen – auch aus verhaltenswissenschaftlicher Sicht – weiter empirisch zu untersuchen ist.

Im Verständnis vieler Forscher sind strategische Entscheidungen gekennzeichnet durch eine **hohe Spannweite persönlicher Interessen** der Teilnehmer (vgl. Kirsch 1990, S. 78), durch einen hohen Grad zu berücksichtigender Bedingungen und Ansprüche (vgl. Cowan 1990, S. 368), durch eine geringe Synthese der Problemdefinitionen und durch im Allgemeinen weit in die Zukunft reichende Konsequenzen.

In Abb. 8.3 werden die oben gezeigten **Ergebnisse** nach der **Unternehmensgröße** kontrastiert.

Es zeigt sich, dass Internationalisierung in **KKU** keine so große Rolle zu spielen scheint als in **MGU**. Dieser Umstand kann auf die generell geringer zur Verfügung stehenden Ressourcen in **KKU** zurückzuführen sein. Veränderungen des Produktportfolios haben für beide Betriebstypen eine ähnliche Bedeutung, hier unterscheiden sich also mittelständische Unternehmen nicht voneinander.

Kontrastiert man die oben stehenden Ergebnisse nach dem **Strategie-Typ** ergeben sich interessante Unterschiede, wie Abb. 8.4 zeigt.

Analyzer kümmern sich weniger um die externen Faktoren im Unternehmen. Als strategisch wird überwiegend die Expansion in neue Märkte angesehen.

8.1 Strategieinhalt

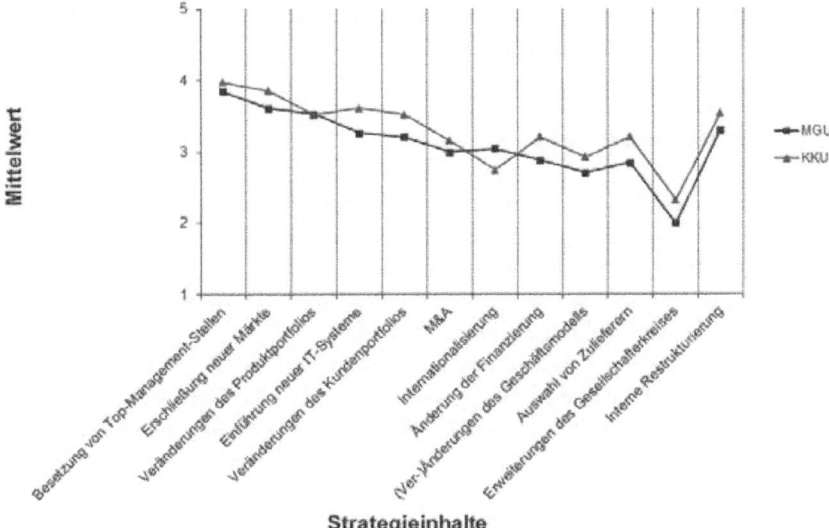

Abb. 8.3 Strategische Inhalte und Unternehmensgröße

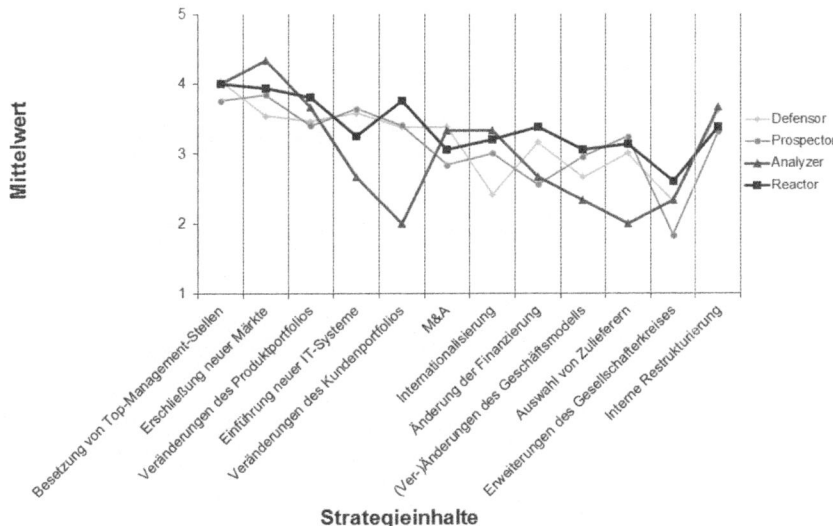

Abb. 8.4 Strategische Inhalte und Strategie-Typ

Defenders scheinen der Internationalisierung eine geringere strategische Bedeutung beizumessen als alle anderen Strategie-Typen.

8.2 Strategieprozess

Zum Prozess werden hauptsächlich, der Ablauf der Entscheidung und die **Charakteristika** der Entscheidung herangezogen. Dieser Prozess wird durch **schwache Signale und Impulse** aus der Umwelt initiiert.

In einer geschlossenen Frage sollen die Probanden die Antwortkategorien für **Impulsorte** in eine **Rangfolge** bringen (Abb. 8.5).

Überwiegend nehmen die Unternehmen die Impulse aus dem **Unternehmensumfeld** (Rang 1: 63 %; Rang 2: 23 %) wahr, gefolgt von **Erfolgen bzw. Misserfolgen** aus der Vergangenheit (Rang 1: 24 %; Rang 2: 32 %). Impulse aus der **internen Organisation** (Rang 1: 13 %; Rang 2: 36 %) und im **Top-Management** (Rang 1: 11 %; Rang 2: 7 %) initiieren seltener den Strategie-Prozess.

Kontrastiert man die oben stehenden Ergebnisse nach dem **Strategie-Typ** ergeben sich Unterschiede, siehe hierzu Abb. 8.6.

Analyzer scheinen die meisten Impulse zur Initiierung des Entscheidungsprozesses aus der internen Organisation zu bekommen. Entwicklungen im Top-Management und in der Unternehmensumwelt sind insbesondere für **Reactoren**

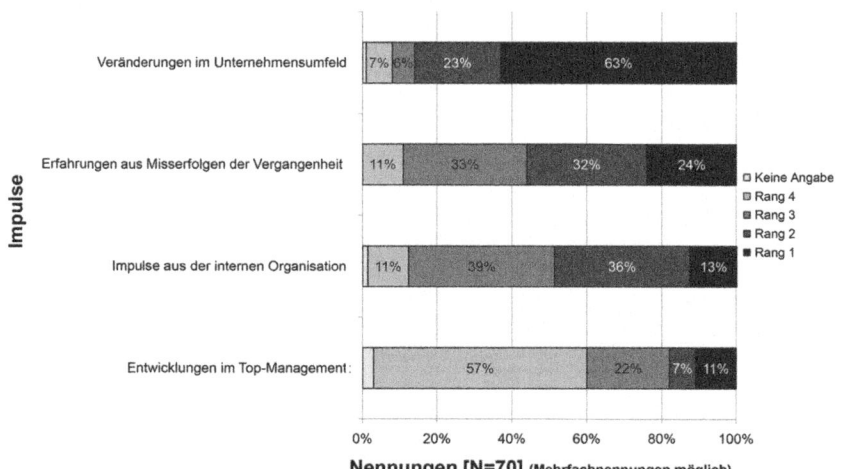

Abb. 8.5 Impulse für Strategieprozesse

8.2 Strategieprozess

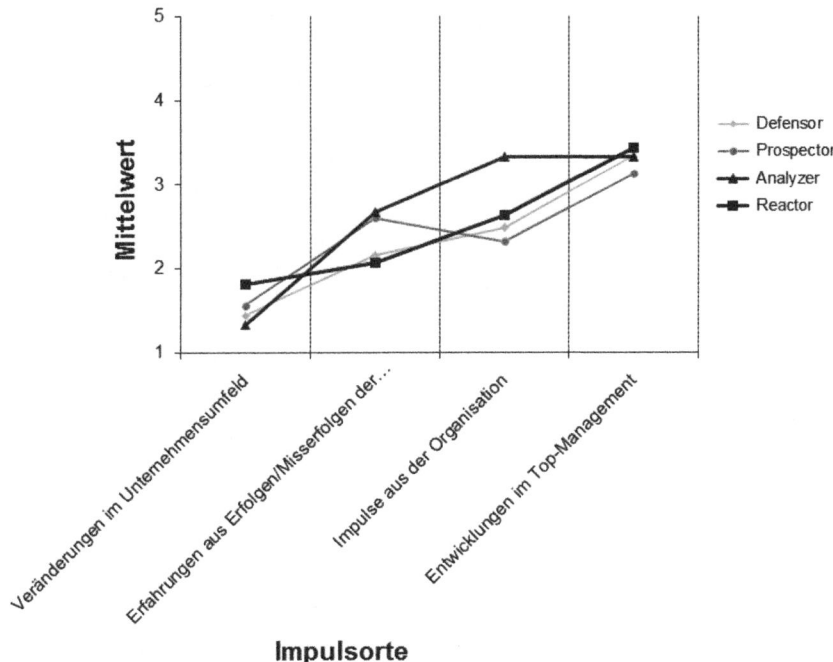

Abb. 8.6 Impulse für Strategieprozess und Strategietyp

maßgeblich. Schließlich sind sowohl für **Defensoren** als auch **Prospectoren** die Erfahrungen aus Erfolgen/Misserfolgen aus der Vergangenheit ausschlaggebend.

Strategische Entscheidungen werden in jedem Unternehmen getroffen und implementiert, wobei Unterlassungen auch als eine Art von Entscheidung verstanden werden können. Die Vorbereitung und Durchführung dieser auf die Gestaltung der **Beziehung von Unternehmung** und **Umwelt** abzielenden Entscheidungsprozesse kann grundsätzlich organisch (intuitiv) oder mit Unterstützung einer formal strategischen Planung erfolgen.

In einer geschlossen-skalierten Frage werden die Unternehmen nach den **Charakteristika** von **strategischen Entscheidungen** gefragt (Abb. 8.7).

Die Probanden beschreiben die strategischen Entscheidungen wie folgt: Sie betreffen die **Existenzsicherung** (sehr stark: 56%; stark: 40%), werden überwiegend vom **Top-Management getroffen** (sehr stark: 66%; stark: 24%) und sind auf **Erfolgspotentiale** gerichtet (sehr stark: 47%; stark: 43%). Sie haben aber nicht unbedingt **langfristige Auswirkungen** (sehr stark: 1%; stark: 4%).

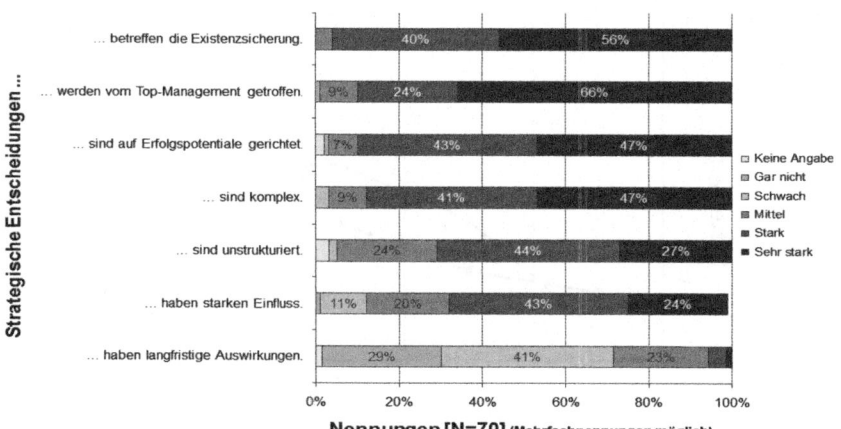

Abb. 8.7 Strategische Entscheidungen

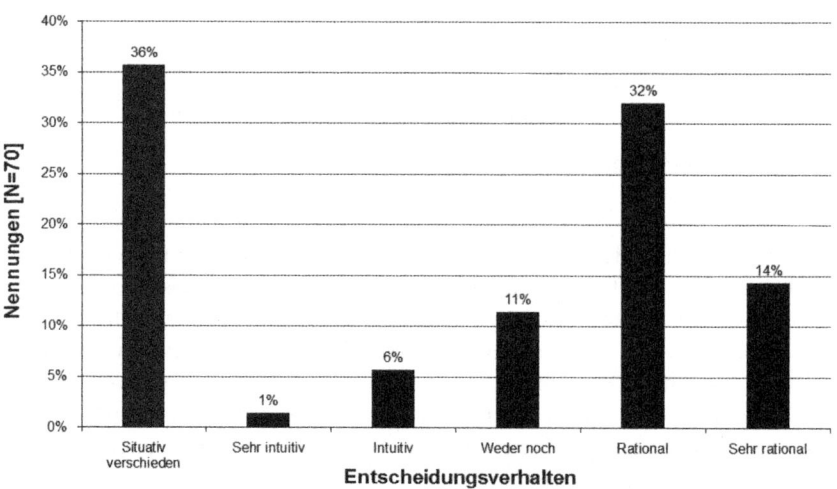

Abb. 8.8 Entscheidungsverhalten Unternehmen

Um den Ablauf des **Strategie-Prozesses** zu beschreiben, sollten die Unternehmen angeben, ob Sie Ihre Entscheidungen eher intuitiv, rational oder situativ verschieden treffen. Diese Möglichkeiten werden in einer 6er-Skala angeordnet (Abb. 8.8).

8.2 Strategieprozess

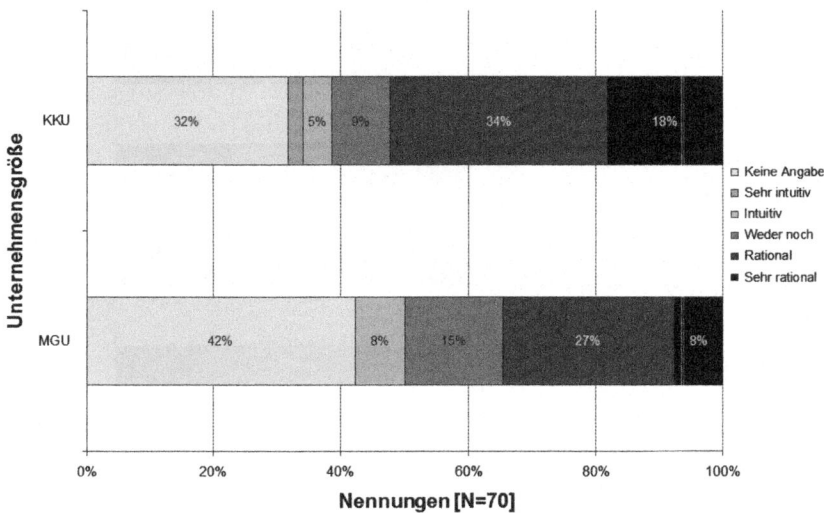

Abb. 8.9 Entscheidungsverhalten in den Unternehmen und Unternehmensgröße

Die Probanden entscheiden überwiegend **situativ verschieden** (36 %) oder **rational** (32 %) bzw. **sehr rational** (14 %).

In Abb. 8.9 werden die oben stehenden Ergebnisse nach **Unternehmensgröße** kontrastiert.

KKU scheinen nach den oben stehenden Ergebnissen rationaler zu entscheiden als **MGU**. Dies könnte auf die Überschaubarkeit in kleinen Unternehmen zurückzuführen sein, hier können die relevanten Informationen leichter zusammengetragen werden und so auf ihrer Basis auch leichter eine rationale Entscheidung getroffen werden.

Kontrastiert man die oben stehenden Ergebnisse nach **Strategie-Typ** ergibt sich ein interessantes Bild, wie Abb. 8.10 zeigt.

Insbesondere **Prospectors** und **Analyzer** entscheiden (sehr) rational. **Prospectors** als innovative, sich ständig verändernde Unternehmen haben häufig einen routinemäßigen Prozess der Informationssammlung über externe Entwicklungen, was den Entscheidungsprozess inhärent rationaler gestaltet. Durch den starken Fokus auf interne Effizienz müssen **Analyzer** hingegen sehr viel mehr interne Informationen zusammentragen und auf deren Basis entscheiden, aber auch hier stehen die tragbaren Informationen aus dem Unternehmen im Mittelpunkt, so kommt es auch hier zu einer automatisch-rationalen Entscheidung im Unternehmen. Weniger rational entscheiden **Defensoren** und **Reactoren**.

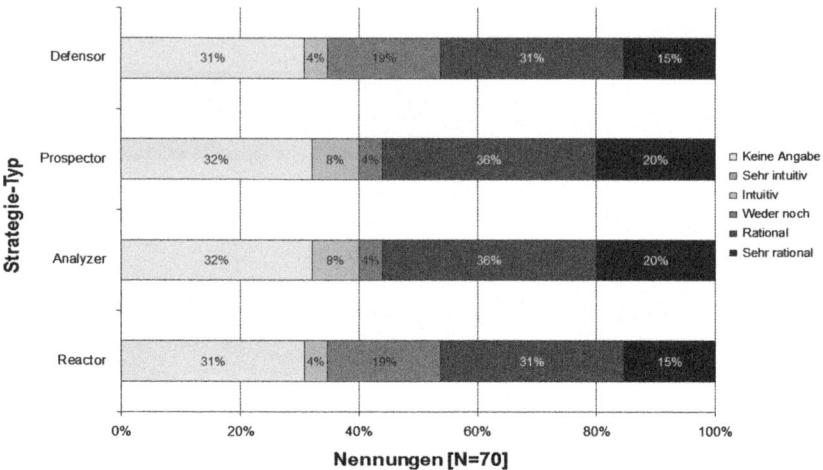

Abb. 8.10 Entscheidungsverhalten Unternehmen und Strategie-Typ

8.3 Zwischenfazit

Die **Strategie-Typen** im Mittelstand sind meist Defensoren, Prospectoren oder Reactoren, seltener tritt der Typ Analyzer auf. Diese Unternehmen messen insbesondere **Entscheidungen** zur Besetzung des Top-Managements und zur Markterweiterung eine besondere **strategische Bedeutung** zu. Auch werden Produkt- und Kundenportfolio-Veränderungen und der Kauf von IT-Systemen als strategische Entscheidungen wahrgenommen. **Impulse** für diese Entscheidungen kommen überwiegend aus der externen Unternehmenslandschaft und dienen der Existenzsicherung. Getroffen werden sie überwiegend vom **Top-Management-Team** des Unternehmens und situativ verschieden entweder **rational** oder **intuitiv**.

Literatur

Blackmore, K., und K. Nesbitt. 2013. Verifying the miles and snow strategy types in Australian small- and medium-size enterprises. *Australian Journal of Management* 38 (1): 171–190.

Chakravarthy, B. S., und Y. Doz. 1992. Strategy process research: Focusing on corporate self-renewal. *Strategic Management Journal* 13 (Special Issue): 5–14.

Chia, R., und R. Holt. 2006. Strategy as practical coping: A heideggerian perspective. *Organization Studies* 27 (5): 635–655.

Cowan, D. A. 1990. Developing a classification structure of organizational problems: An empirical investigation. *Academy of Management Journal* 33:366–390.

Gibbons, P. T. 2008. *Strategy as a pattern in resource allocation: A conceptual extension of the miles and snow typology.* Dublin.

Gimenez, F. A. P. 1999. *The miles and snow's strategy model in the context of small firms. Proceedings of the 1999 ICSB Naples conference.* Neapel.

Kirsch, W. 1990. *Unternehmenspolitik und Strategische Unternehmensführung.* München: Kirsch.

Miles, R. E., und C. Snow. 1978. Organizational strategy, structure and process. *The Academy of Management Review* 3 (3): 546–562.

Welge, M. K., A. Al-Laham, und P. Kajüter. 2000. Der Prozess des strategischen Managements – Ein Überblick über die empirische Strategieprozessforschung. In *Praxis des strategischen Managements – Konzepte, Erfahrungen, Perspektiven,* Hrsg. M. K. Welge, A. Al-Laham, und P. Kajüter, 3–17. Wiesbaden: Springer.

Entscheidungen im Top-Management 9

Auf wissenschaftlicher Seite hat das Top-Management-Team seit der Publikation des Artikels von Hambrick/Mason über ‚Upper Echelons' besondere Aufmerksamkeit erfahren (vgl. Hodgkinson und Sparrow 2002; Carpenter et al. 2004; Lohrke et al. 2004). Nichtsdestotrotz gab es bis Ende 1990 wenig empirische Arbeiten zur Verbindung von Eigenschaften des Top-Managements und Entscheidungsprozessen (vgl. Rajagopalan et al. 1993; Papadakis und Barwise 1997).

Das Top-Management besteht i. d. R aus dem CEO, CFO, Aufsichtsrat/Beirat und Mitarbeitern der zweiten Führungseben (z. B. Leiter Controlling).

9.1 Entscheidungstypen des Top-Managements

Eine wesentliche Einflussgröße auf das Informationsverhalten und damit auf die Entscheidungseffizienz des Unternehmens ist in der Person des Entscheidungsträgers zu sehen. Die Verschiedenartigkeit menschlichen Handelns soll – stark vereinfacht – auf unterschiedlich ausgeprägte Persönlichkeitsmerkmale sowie individuell unterschiedliches Informationsverhalten zurückgeführt werden (vgl. Dörner et al. 1983, S. 331 ff.).

Persönlichkeitsmerkmale waren immer wieder Untersuchungsgegenstand empirischer Entscheidungsforschung. Untersucht wurden die Wirkungen folgender Größen:

- die Intelligenz von Entscheidern;
- kognitive Merkmale wie Rigidität, das Ausmaß der Extrovertiertheit oder Selbstsicherheit;
- informationelles Suchverhalten;
- die Wirkung von Vor- und Expertenwissen.

Das Treffen von wichtigen Entscheidungen – sprich Entscheidungen die strategischen Charakter besitzen – ist Aufgabe der **obersten Führung** einer Unternehmung (vgl. Kreikebaum 1991, S. 34; Kortmann 2014, S. 666ff.). Prinzipiell ist die **Delegation** ausgeschlossen, weil umfangreiche Delegations-barrieren, wie Qualifikationsniveau, Informationsstand, Wichtigkeit der Problemlösungsprozesse dem entgegenstehen (vgl. Steinle 1992, S. 507 f.). Welche Personen im Einzelnen mit Entscheidungen betraut werden, hängt jedoch vom jeweiligen Unternehmen sowie den Entscheidungsbefugnissen der Personen ab.

Um festzustellen, wie die einzelnen **Mitglieder** des **Top-Management-Teams** ihre Entscheidungen treffen, werden die Probanden in einer geschlossenen Frage nach dem **Entscheidungsverhalten** der einzelnen Akteure befragt (Abb. 9.1).

Es zeigt sich, dass der **CFO** am rationalsten entscheidet (sehr rational: 23 %; rational: 53 %), gefolgt von dem **CEO** (sehr rational: 9 %; rational: 41 %). **Beiräte und Aufsichtsräte**, so zeigen die Ergebnisse, scheinen am wenigsten rational zu entscheiden (sehr rational: 6 %; rational: 12 %).

Spricht man die Probanden direkt auf ihren Entscheidungsstil an, so zeigt sich ein ähnliches Bild, wie bei der Betrachtung des **CEOs** (Abb. 9.2).

34 % der Probanden entscheiden **überwiegend situativ verschieden**. **Rational** entscheiden 43 % und **sehr rational** 7 %.

Gefragt nach der **Anzahl** und **Art** der **Entscheidungen**, die sie im **wöchentlichen Durchschnitt** treffen, antworteten die Probanden in einem offenen Antwortfeld mit einer Zahl bzw. einem Prozentsatz. Im **Durchschnitt** treffen die

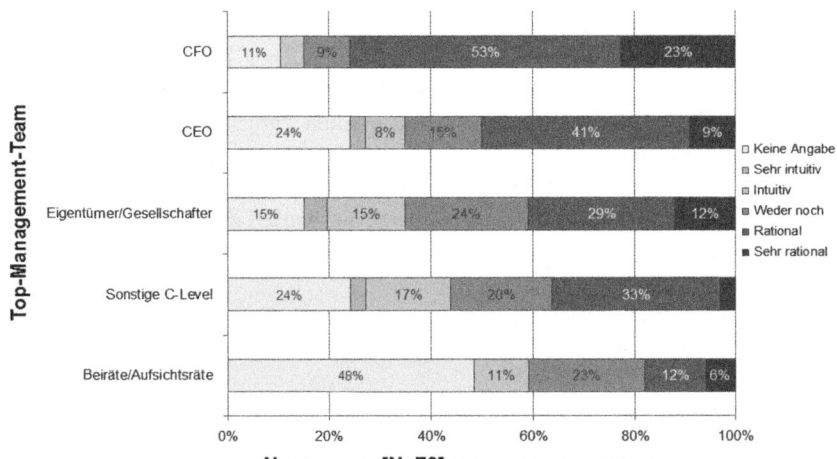

Abb. 9.1 Entscheidungsverhalten des Top-Management-Teams

9.1 Entscheidungstypen des Top-Managements

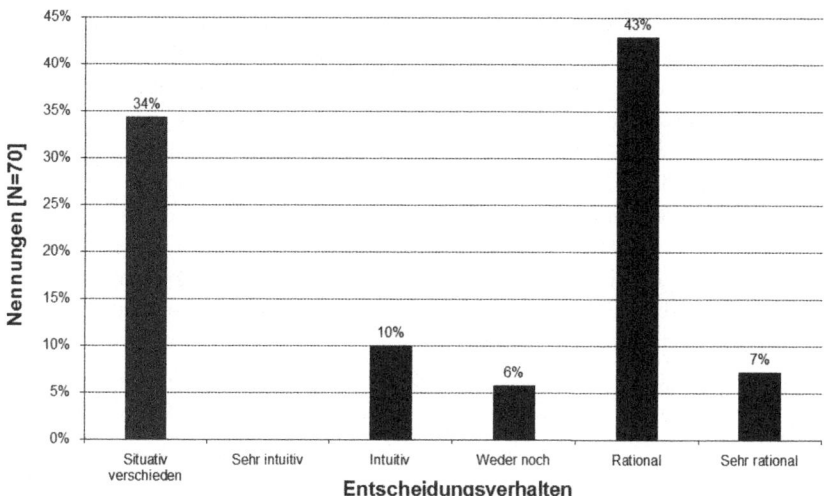

Abb. 9.2 Entscheidungsverhalten Top-Manager

Probanden 50 **Entscheidungen** pro Woche (Max: 1000; Min: 5) wovon durchschnittlich 15 % (Max: 90 %; Min: 0,05 %) **strategisch** sind.
Informationen sind die Basis für jedes Handeln. **Intuitiv** gehen Menschen davon aus, dass bessere oder zusätzliche Informationen auch zu **besseren Entscheidungen** führen. Dennoch:

> Es ist mit betriebswirtschaftlichen Methoden allein nicht aufzuhellen, woran es liegt, dass von zwei Personen mit gleicher Erfahrung, gleichen Kenntnisse und gleichen Informationen der eine die richtige, oder andere die falsche Entscheidung trifft. (Gutenberg 1968, S. 130.)

Wie viele andere Einflussgrößen wirken noch bei Entscheidungen mit, wenn schon bei so vielen gleichen Faktoren unterschiedlich entschieden wird?

Was seit Beginn der modernen **Persönlichkeitspsychologie** als unerreichbar gilt, nämlich eine allgemein akzeptierte Taxonomie und Struktur der Persönlichkeit zu definieren, scheint sich seit Mitte der 1980er Jahre doch zu manifestieren. Es zeichnet sich unter Persönlichkeitsforschern verstärkter Konsens ab, dass sich Unterschiede im individuellen Verhalten von Menschen durch fünf breite Faktoren höherer Ordnung erklären lassen (vgl. McCrae und John 1992). Dieses Modell der Big 5 hat in den letzten zwei Dekaden zunehmend Bestätigung durch Studien von unterschiedlichen Autoren und in verschiedenen Ländern gefunden (vgl. Hofstede 1997; Körner et al. 2002; De Raad 1998). Der Zugang, der dieser Taxonomie

immanent ist, ist ein lexikalischer und erschließt seine Basiskategorien durch eine systematische Analyse der Alltagssprache (vgl. Marsh et al. 2013).
Extraversion ist die Dimension der Geselligkeit. Personen mit hohen Punktwerten auf dieser Skala sind aber nicht nur gesellig, sie beschreiben sich selbst auch als selbstsicher, aktiv, gesprächig, energisch und optimistisch. Sie haben ein heiteres Naturell, sie mögen Menschen und fühlen sich in Gruppen und gesellschaftlichen Versammlungen besonders wohl (vgl. Saklofske und Eysenck 2004, S. 207).

Verträglichkeit bildet ebenso wie die Extraversion interpersonelles Verhalten ab. *Digman* beschreibt Verträglichkeit als die „menschliche Facette der Humanität" mit Eigenschaften wie

> altruism, nurturance, caring, and emotional support at the one end of the dimension and hostility, indifference to others, self-centeredness, spitefulness, and jealousy at the other. (Digman 2004, S. 75).

Gewissenhaftigkeit bezieht sich auf die Höhe selbst gesetzter Standards und auf die Planung und Organisation von Aufgaben sowie auf das Engagement bei deren Durchführung. Personen mit hohen Ladungen auf diesem Faktor beschreiben sich selbst als zielstrebig, ehrgeizig, fleißig, ausdauernd, willensstark, zuverlässig, pünktlich, ordentlich und genau (vgl. Borkenau und Osendorf 2002, S. 259).

Neurotizismus erfasst die interindividuellen Unterschiede der emotionalen Stabilität von Personen und darf nicht im Sinne des Krankheitsbildes einer psychischen Störung missverstanden werden (vgl. Borkenau und Ostendorf 1993, S. 27).

Vielmehr bildet der Faktor die Art und Weise ab, wie Menschen vor allem negative Emotionen erleben und damit umgehen. Menschen mit hohen Werten auf dieser Skala sind leicht aus dem seelischen Gleichgewicht zu bringen, sie berichten von häufig erlebten negativen Gefühlszuständen, die sie manchmal geradezu überwältigen und neigen dazu, erschüttert betroffen, beschämt, unsicher, nervös oder ängstlich zu reagieren.

Offenheit für Erfahrungen erfasst das Interesse an und das Ausmaß der Beschäftigung mit neuen Erfahrungen, Erlebnissen und Eindrücken. Personen, die hohe Werte auf diesem Faktor aufweisen, berichten über ein reges Phantasieleben, sind an vielen persönlichen und öffentlichen Vorgängen interessiert und erleben sowohl positive als auch negative Emotionen akzentuiert (vgl. Borkenau und Ostendorf 1993, S. 28).

Die Probanden werden im Fragebogen nach ihren drei wichtigsten **Führungseigenschaften** in einem offenen Feld gefragt. Im Nachhinein wurden diese Führungseigenschaften den oben stehenden **Kategorien** zugeordnet. Kommunikativ wird bspw. ein hoher Wert (e+) und kontrollierend ein niedriger Wert (e−) im Rahmen der **Extraversion** zugeordnet. Emotional wird ein hoher Wert (n+) und konsequent wird ein niedriger Wert (n−) auf der **Neurotizismus**-Dimension zugeordnet. Für **Gewissenhaftigkeit** gibt das Adjektiv verbindlich einen hohen (g+) und desorganisiert einen niedrigen (g−) Wert an. Offen wird ein hoher Wert (o+) und Erfahrung ein niedriger Wert (o−) auf der **Offenheitsdimension** zugeordnet. So werden z.B. demokratisch ein hoher Wert (v+) und hart aber fair ein niedriger Wert (v−) an **Verträglichkeit** zugeordnet.

Wie Abb. 9.3 zeigt, zeichnen sich die Probanden der vorliegenden Studie überwiegend durch hohe Werte in der **Verträglichkeit** (69 %), **Extraversion** (49 %) und **Gewissenhaftigkeit** (49 %) aus. Der **Neurotizismus** (10 %) und die **Offenheit** (29 %) sind teilweise etwas weniger stark ausgeprägt.

9.2 Aufgabengebiete der Probanden

Die Probanden sind überwiegend CEOs, deren Aufgabengebiete in einer geschlossenen Frage nach der heutigen Priorität (1: niedrig bis 3: hoch), dem anteiligen Zeitbudget in Prozent sowie dem Delegationsgrad ebenfalls in Prozent abgefragt werden.

Aus den durch die Probanden angegebenen Prioritäten werden Mittelwerte gebildet.

Die prozentuale Verteilung wird in Abb. 9.4 wiedergegeben: Das Aufgabengebiet **Strategie und Planung** (hohe Priorität: 64 %) hat die höchste Priorität, gefolgt von **Controlling** (hohe Priorität: 41 %), **Personalmanagement** (hohe Priorität: 34 %) und **Marketing/Vertrieb** (hohe Priorität: 33 %) mit fast gleichen Werten.

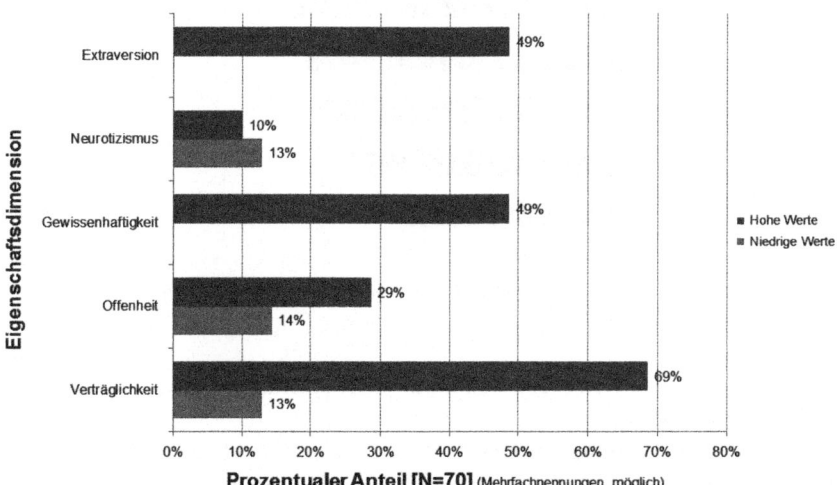

Abb. 9.3 Big 5 – Einschätzung der Probanden im Selbstbild

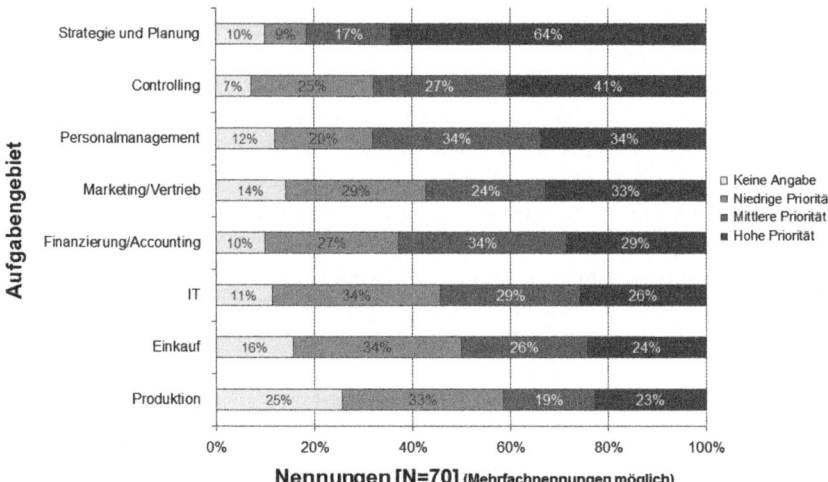

Abb. 9.4 Priorität der Aufgabengebiete

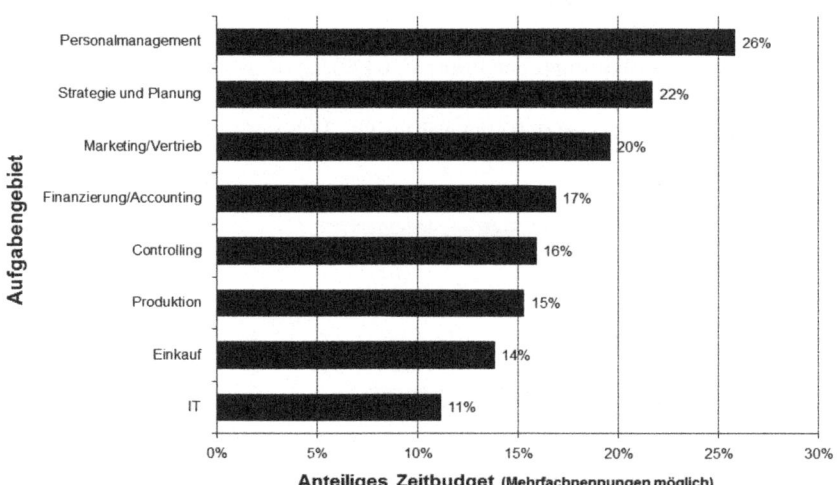

Abb. 9.5 Anteiliges Zeitbudget

Am wenigsten wichtig erscheinen **Einkauf** (hohe Priorität: 24 %) und **Produktion** (hohe Priorität: 23 %).

Das anteilige **Zeitbudget** geben die Probanden in Prozent von ihrer Gesamtzeit an. Auch hier werden Mittelwerte gebildet (siehe dazu Abb. 9.5).

9.3 Zwischenfazit

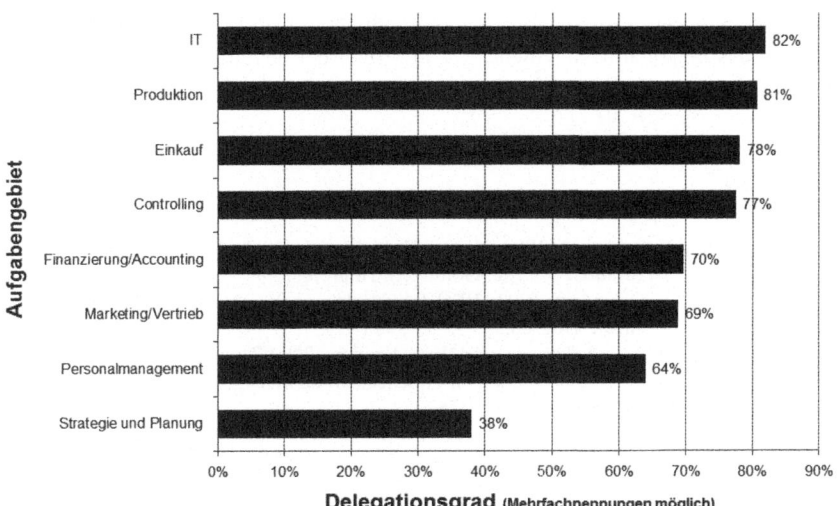

Abb. 9.6 Delegationsgrad für die Aufgabengebiete

Die meiste Zeit wenden die Probanden für das **Personalmanagement** (26%) auf, obwohl dieses nicht die höchste Priorität hat, gefolgt von **Strategie und Planung** (22%). **Marketing/Vertrieb** okkupiert 20% der Zeit der Probanden. 17% bzw. 16% ihrer Zeit widmen die Probanden dem Bereich **Finanzierung/Accounting** bzw. dem **Controlling**.

Wie Abb. 9.6 zeigt, ist der Delegationsgrad erwartungsgemäß hoch für die Bereiche **IT** (82%) und **Produktion** (81%). Im **Controlling** (77%) delegieren die Probanden weite Teile der Aufgaben trotz hoher Priorität.

9.3 Zwischenfazit

Von den Mitgliedern des Top-Management-Teams entscheidet laut Selbsteinschätzung der CFO am rationalsten, gefolgt vom CEO. Häufig treffen die Probanden die Entscheidungen jedoch **situativ verschieden**. Insgesamt, so zeigt sich, treffen die Befragten durchschnittlich 28 Entscheidungen pro Woche wovon sie 6 Entscheidungen strategische Bedeutung beimessen. Die Persönlichkeit der Antwortenden zeichnet sich durch große Verträglichkeit, Extraversion und Gewissenhaftigkeit aus. In ihren Aufgaben messen sie insbesondere der **Strategie und Planung** eine hohe Priorität zu, Controlling und Personalmanagement folgen dicht dahinter. Für das Controlling nehmen sich die Probanden weniger Zeit als es die Prioritätsverteilung zunächst vermuten lassen würde, dementsprechend hoch ist der Delegationsgrad in diesem Aufgabenbereich. Schließlich verwenden die Probanden mehr Zeit auf das Personalmanagement, was aufgrund der gegenläufigen Prioritätseinordnung dieses Aufgabengebietes zunächst nicht zu vermuten war.

Literatur

Borkenau, P., und F. Ostendorf. 2002. NEO-FFI. In *Diagnostik für Klinik und Praxis*, Hrsg. E. Brähler und B. Strauß, 257–260. Göttingen: Hogrefe.

Borkenau, P., und F. Ostendorf. 1993. *NEO-Fünf-Faktoren-Inventar NEO-FFI nach Costa und McCrae*. Göttingen: Hogrefe.

Carpenter, M. A., M. A. Geletkanycz, und W. G. Sanders. 2004. Upper echelons research revisited: Antecedents, elements, and consequences of top management team composition. *Journal of Management* 30 (6): 749–778.

De Raad, B. 1998. Five big, big five issues: Rationale, content, structure, status, and crosscultural assessment. *European Psychologist* 3 (2): 113–124.

Digman, J. M. 2004. Personality structure: Emergence of the five-factor model. In *The psychology of individual differences*, Hrsg. G. J. Boyle und D. H. Saklofske, 71–93. London: Sage.

Dörner, D., H. W. Kreuzig, und T. Stäudel. 1983. *Vom Umgang mit Unbestimmtheit und Komplexität*. Bern: Huber.

Gutenberg, E. 1968. Die Geschäfts- und Betriebsleitung und ihr Einfluss auf die produktive Ergiebigkeit der betrieblichen Leistungserstellung. In *Grundlagen der Betriebswirtschaftslehre*, Hrsg. E. Gutenberg, 130–146. Berlin: Springer.

Hodgkinson, G. P., und P. K. Sparrow. 2002. *The competent organisation*. Philadelphia: Open University Press.

Hofstede, G. 1997. *Cultures and organizations: Software of the mind*. London: McGraw-Hill.

Körner, A., M. Geyer, und E. Brähler. 2002. Das NEO-Fünf-Faktoren-Inventar NEO-FFI: Validierung anhand einer deutschen Bevölkerungsstichprobe. *Diagnostica* 48:19–27.

Kortmann, S. 2014. The mediating role of strategic orientations on the relationship between ambidexterity-oriented decisions and innovative ambidexterity. *Journal of Product Innovation Management* 32:666–684.

Kreikebaum, S. 1991. *Strategische Unternehmensplanung*. Stuttgart: Kohlhammer.

Lohrke, F. T., A. G. Bedeian, und T. B. Palmer. 2004. The role of top management teams in formulating and implementing turnaround strategies: A review and research agenda. *International Journal of Management Reviews* 5–6 (2): 63–90.

Marsh, H. W., B. Nagengast, und A. J. S. Morin. 2013. Measurement invariance of big-five factors over the life span: ESEM tests of gender, age, plasticity, maturity, and la dolce vita effects. *Developmental Psychology* 49: 1194–1218.

McCrae, R. R., und O. P. John. 1992. An introduction to the five-factor model and its applications. *Journal of Personality* 60 (2): 175–215.

Papadakis, V., und P. Barwise. 1997. *Strategic decisions*. New York: Springer Science + Business Media.

Rajagopalan, N., A. M. Rasheed, und D. K. Datta. 1993. Strategic decision processes: Critical review and future directions. *Journal of Management* 19:349–384.

Steinle, C. 1992. Führungsstil. In *Handwörterbuch des Personalwesens*, Hrsg. E. Gaugler und W. Weber, 2. Aufl, 966–980. Stuttgart: Poeschel.

Entscheidungen in Unternehmensfunktionen

10

In Unternehmen entstehen vielfältige, komplexe **Entscheidungsprobleme**, die jedoch nicht nur übergeordnet eine adäquate Lösung, sondern als Voraussetzung bereits eine adäquate Problemlösung innerhalb der einzelnen **Teilbereiche** des Unternehmens, den Unternehmensfunktionen, erfordern. Deshalb werden die Probanden in diesem Kapitel zunächst darüber befragt, welche **Systeme** zur Daten- und Informationsgewinnung überhaupt genutzt werden, bevor die **Zufriedenheit** mit der Datenqualität innerhalb der **Funktionsbereiche** Finanzen/Risikomanagement, Personal, Produktion/Logistik, Marketing/Vertrieb und dem General Management erfragt wird. Darüber hinaus stellt sich die Frage, wie viel **Zeit** auf die einzelnen **Prozessschritte** innerhalb der Datengenerierung der einzelnen Unternehmensfunktionen entfällt.

10.1 Systeme

Informationssysteme im Unternehmen erleichtern den Führungskräften und Mitarbeitern nicht nur ihre Aufgaben im Rahmen der Entscheidungsfindung, Koordination, Steuerung und Kontrolle, sondern unterstützen auch hinsichtlich Problemanalysen, verschaffen einen Überblick über komplexe Sachverhalte und helfen bei der Entwicklung neuer Produkte. Ein Informationssystem enthält ein oder mehrere **Anwendungssysteme**, wobei eine Differenzierung in der Praxis nicht immer eindeutig möglich ist (vgl. Laudon und Laudon 2011, S. 17). Die **Systeme** können in einzelnen Unternehmensfunktionen oder funktionsübergreifend zum Einsatz kommen und sind vielfältig. Hierzu zählen u.a. Warenwirtschaftssysteme (vgl. Schütte und Vering 2011), Kundenbeziehungsmanagementsysteme (vgl. Helmke et al. 2008) oder Management-Informations-Systeme (vgl. Oz 2009). Diese und weitere

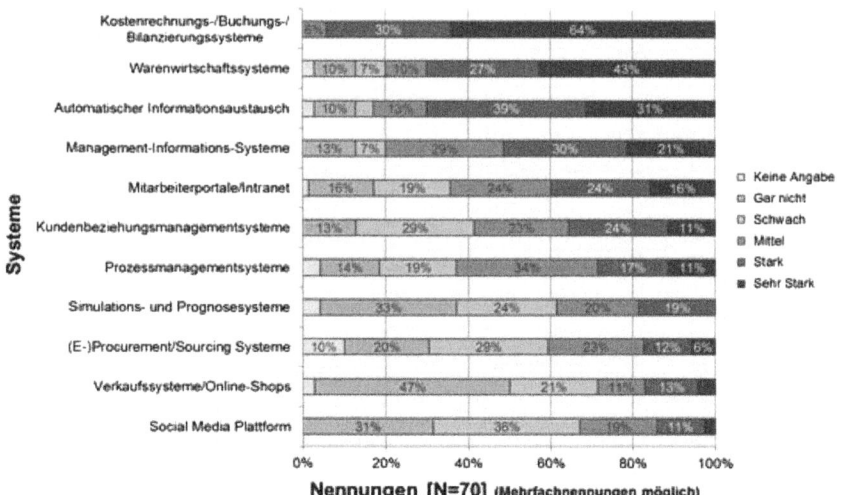

Abb. 10.1 Nutzung von Systemen

Systeme sind Bestandteil der **Fragestellung** nach der **Nutzungsintensität** dieser in mittelständischen Unternehmen auf einer 5-stufigen Likert-Skala (Abb. 10.1).

Systeme der **Kostenrechnung, Buchung oder Bilanzierung** kommen in mittelständischen Unternehmen fast überall (sehr stark: 64%; stark: 30%) zum Einsatz, was jedoch auch zum Großteil der gesetzlichen Vorschrift geschuldet ist. **Warenwirtschaftssysteme** werden von 70% (sehr stark: 43%; stark: 27%) der Unternehmen genutzt, genauso wie ein **automatischer Informationsaustausch**, z. B. EDI mit Banken (sehr stark: 31%; stark: 39%). Darauf folgen **Management-Informations-Systeme** (sehr stark: 21%; stark: 30%), **Mitarbeiterportale/Intranet** (sehr stark: 16%; stark: 24%), **Kundenbeziehungsmanagementsysteme** (sehr stark: 11%; stark: 24%) sowie **Prozessmanagementsysteme** (sehr stark: 11%; stark: 17%). Weniger Nutzung erfahren **Simulations- und Prognosesysteme** (stark: 19%), **(E-)Procurement/Sourcing** Systeme (sehr stark: 6%; stark: 12%), **Verkaufssysteme/Online-Shops** (sehr stark: 4%; stark: 13%) sowie zuletzt **Social Media Plattformen** (sehr stark: 3%; stark: 11%).

Die Möglichkeit zur Unterstützung der Entscheidungsfindung mit Hilfe **elektronischer Systeme** wird von mittelständischen Unternehmen eher weniger genutzt. Insbesondere letztere Instrumente (Online-Shops, Social Media), stellen Möglichkeiten für Unternehmen dar, die Bereitstellung von Informationen über **Produkte und Dienstleistungen** sowie den Kontakt hin zu den Kunden zu verbessern und andersherum Daten über sie zu gewinnen. Jedoch bestätigt dieses Ergeb-

10.1 Systeme

nis auch eine andere mittelstandsspezifische Studie. **Online-Shops** sowie **Social Media** erfahren auch hier nur eine geringe Nutzung, allerdings glaubt über die Hälfte der teilnehmenden Probanden daran, dass die **Bedeutung** von Social Media in den nächsten 10 Jahren enorm zunehmen wird (vgl. Janßen 2012, S. 9). In Bezug auf Big Data sowie Data Analytics sei das **Finanzmanagement** ein prädestinierter Fachbereich, vorausgesetzt die Entscheidungsträger hätten genügend Zeit, so ein Experte. Jedoch werden hier häufig Cockpits und andere Aufbereitungstools nachgefragt. Zudem sei die Nachfrage nach neuen Systemen im **Marketing** und **Vertrieb** sehr hoch, da der Erfolg von Kampagnen erst spät gemessen werden könne.

Die Ergebnisse wurden – wie in Abb. 10.2 dargestellt – mit den Mittelwerten der jeweiligen Unternehmensgrößen **KKU** und **MGU** kontrastiert.

Im Hinblick auf die Unternehmensgröße unterscheidet sich die Nutzung der Systeme **nicht wesentlich**. Beide Unternehmensgrößen weisen den Systemen, abnehmend von Kostenrechnungs-/Buchungs-/Bilanzierungssystemen hin zur Social Media Plattform eine abnehmende Bedeutung zu. Hinsichtlich einiger Systeme zeigt sich jedoch eine höhere Nutzungsintensität von KKU als MGU. Dies betrifft die Management-Informations-Systeme, Kundenbeziehungsmanagementsysteme sowie Prozessmanagementsysteme. Eine umgekehrte, deutlich vermehrte Nut-

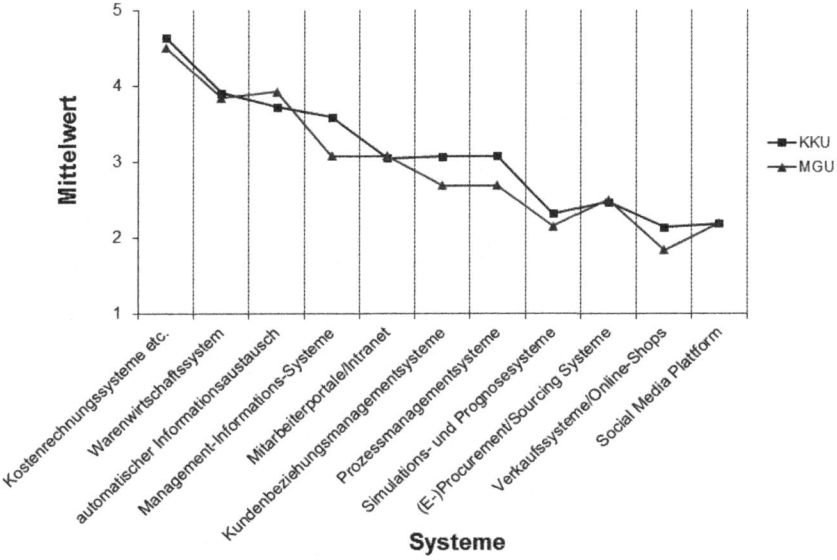

Abb. 10.2 Nutzung von Systemen und Unternehmensgröße

zung einzelner Systeme durch MGU zeigt sich nicht. Dies kann durch ein höheres **Erfahrungswissen** von MGU gegenüber KKU begründet werden. So benötigen KKU mehr rationale Entscheidungshilfen.

10.2 Datenqualität

Im Zusammenhang mit der Existenz von Anwendungssystemen in mittelständischen Unternehmen stellt sich die Frage nach der **Zufriedenheit** mit der **Datenqualität**, denn „Daten in der Informationswelt sind mit Wasser vergleichbar, das wir im täglichen **Leben** brauchen" (Morbey 2011, S. 15). Laut **DIN ISO 8402** versteht sich die Datenqualität als die Einigung von Daten für unterschiedliche Verwendungszwecke im Hinblick auf den Grad ihrer Erfassung und Generierung (vgl. Harrach 2010, S. 17; Würthele 2003, S. 13).

Im Hinblick auf die Unternehmensfunktionen stellt sich übergreifend eine durchschnittliche Zufriedenheit mit der Datenqualität dar, wie man anhand von Abb. 10.3 sehen kann. Im Detail zeigt sich folgendes Bild: **Finanzen/Risikomanagement** sehr stark 30 % und stark 43 %; **General Management** sehr stark 11 % und stark 47 %; **Marketing/Vertrieb** sehr stark 13 % und stark 40 %; **Produktion/Logistik** sehr stark 7 % und stark 40 %; **Personal** sehr stark 10 % und stark 37 %.

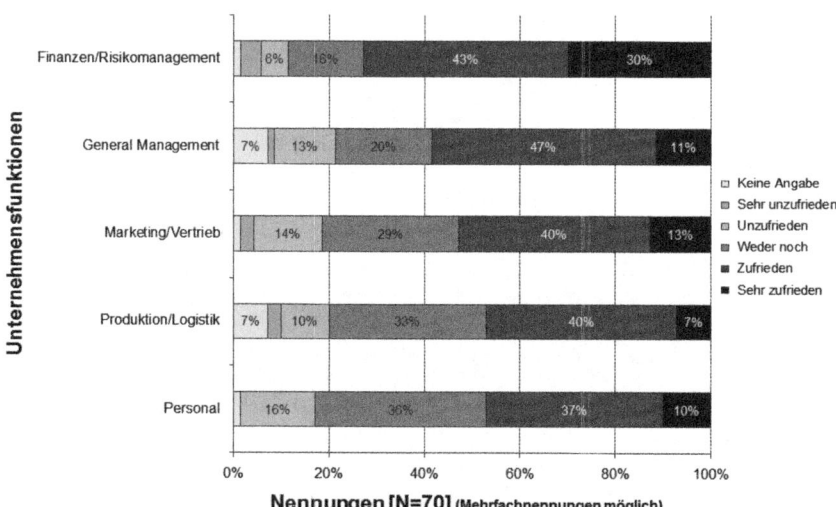

Abb. 10.3 Datenqualität in den Unternehmensfunktionen

10.2 Datenqualität

Die Datenqualität wurde in einer vorherigen Studie des *EKAM* zur Digitalisierung bereits mit dem Ergebnis thematisiert, nach dem diese im Rahmen der zunehmenden Digitalisierung, neben der Datensicherheit, auch als stärkste zunehmende **Herausforderung** von mittelständischen Unternehmen angesehen wurde (vgl. Becker et al. 2013, S. 79 f.). Auch 2013 zeigte eine weitere Studie, dass weder Funktionsbereiche, noch IT-Abteilung im Mittelstand großes Interesse an einer guten Datenqualität haben. Nicht zuletzt deshalb besteht eine große Unzufriedenheit im **Qualitätsgrad** der bereitgestellten Daten. Zudem setzt eine erfolgreiche Datenqualität eine einheitliche Steuerung und Transparenz voraus, sodass die Daten nicht mehrfach in den verschiedenen Funktionen von Unternehmen aufzufinden sind, was bei Mittelständlern jedoch häufig zu beobachten ist.

In Bezugnahme auf die Produktion erklärt ein **Experte**, dass jede Maschine eine eigene Datenbank habe und somit eine Insellösung darstelle. Durch die dort gewonnen Daten könnten neue Erkenntnisse im Rahmen der Qualitätsverbesserung gewonnen werden. Insgesamt sei die Datenqualität jedoch nicht zufriedenstellend, noch schlechter stehe es aber mit dem Funktionsbereich **Personal**. Ein weiterer Experte sieht hier keine Probleme mit der Datenqualität, da gerade im Personalbereich neue Datenbanken implementiert werden.

Im **Größenkontrast** zeigt sich das in Abb. 10.4 dargestellte Ergebnis:

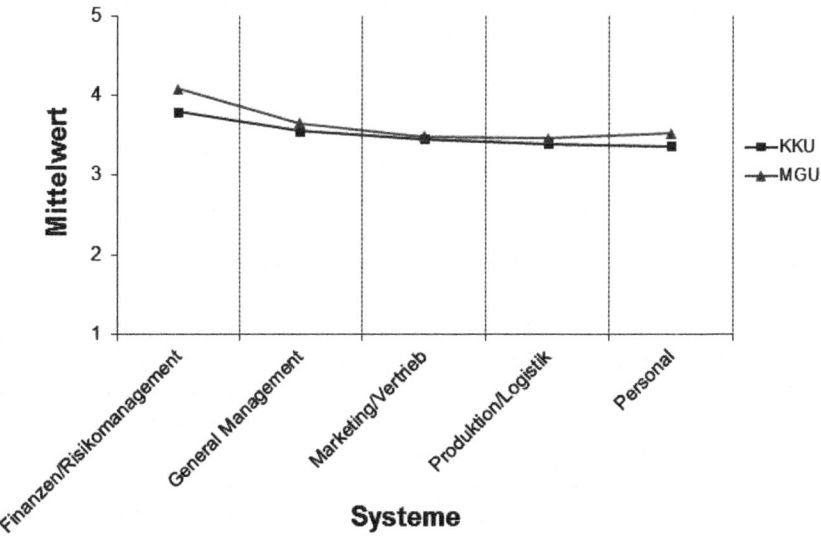

Abb. 10.4 Datenqualität in den Unternehmensfunktionen und Unternehmensgröße

MGU sind generell mit ihrer Datenqualität, trotz nicht intensiverer Nutzung von Informationssystemen im Vergleich zu KKU **zufriedener**, was wiederum durch ihr höheres Erfahrungswissen und somit geringerem Bedarf weiterer Daten im Zusammenhang stehen könnte.

Da der Unternehmenserfolg u.a. abhängig von der Qualität der im Unternehmen vorhandenen und genutzten Daten ist, sollte ein **Data Warehouse** als Basis für Geschäftsentscheidungen etabliert sein. Jedoch führen falsche Ergebnisse der Datenauswertung auch zu falschen Entscheidungen im Hinblick auf die unternehmerische Planung, Strategie sowie Kunden- oder Marketingaktivitäten, weshalb eine punktuelle Datenbereinigung nur kurzfristige Wirkungen erzielt. Eine wirkliche Steigerung der Datenqualität und somit ein nachhaltiger Unternehmenserfolg kann jedoch mit Hilfe eines **Total Data Quality Managements** gewährleistet werden. Hier werden die Daten entlang ihres gesamten Lebenszyklus analysiert und qualitätsgesichert (vgl. Hildebrand et al. 2008, S. 70).

10.3 Prozessschritte

Die Kernursache mangelnder Datenqualität begründet sich häufig in der **Prozesslandschaft**, die entweder nicht existiert, schlecht geplant oder beschrieben ist. Die einzelnen **Prozessschritte** können je nach Unternehmensgröße und Branche variieren und umfassen in dieser Studie die **Datensammlung, -aufbereitung, -analyse, -bewertung** und die Datenpräsentation. Das nur 28 der befragten Unternehmen eine Aussage über die Bedeutung einzelner Prozessschritte machen, könnte ein Indiz sein, dass diese in den meisten Fällen nicht existent oder gar bekannt sind.

Die Frage danach, wieviel **Zeit** auf die einzelnen **Prozessschritte**, ausgedrückt in Prozent, innerhalb der einzelnen Unternehmensfunktionen entfällt, zeigt, dass die Schritte sich übergreifend relativ gleich verteilen (siehe Abb. 10.5). Der **Datensammlung** (zwischen 17–30 % der Zeit) wird, dem Prozess entlang abnehmend, am meisten Bedeutung zugewiesen, der **Datenpräsentation** (zwischen 10–21 % der Zeit) entsprechend die geringste.

In Bezug auf die Unternehmensfunktionen zeigt sich, dass der Datensammlung im Bereich **Finanzen/Risikomanagement** 30 % der Zeit zukommt, der Datenbewertung nur 15 %. Ähnlich verlaufen die Kurven von **Produktion/Logistik** und **Personal**. Ein umgekehrtes Verhältnis zeigt sich im **General Management**, wo die Datensammlung 17 % der Zeit einnimmt, die Datenbewertung hingegen 23 %. Im **Marketing/Vertrieb** zeigt sich ein gleichbleibendes Verhältnis aller Prozessschritte, wobei hier auffallend der Qualität eine gleichartige Bedeutung zuteil kommt wie der Präsentation.

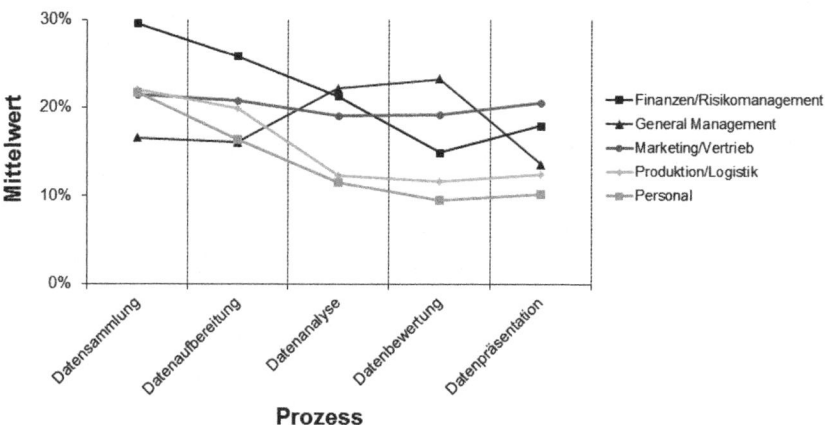

Abb. 10.5 Prozess der Datengewinnung [*N*=28]

Ein **Experte**, der selbst im Rahmen des Marketing/Vertriebs leitend zuständig ist, spricht der Datenanalyse in diesem Funktionsbereich mit 70 % die größte Bedeutung zu.

10.4 Zwischenfazit

Zusammenfassend zeigt sich, dass die Entscheidungen in den einzelnen Unternehmensfunktionen grundlegend nicht durchgehend auf **Anwendungssystemen** fußen. Die Verbreitung dieser Systeme ist in mittelständischen Unternehmen eher rudimentär ausgeprägt, entsprechend ist es auch nicht verwunderlich, dass die Zufriedenheit mit der **Datenqualität** eher mittelmäßig ausfällt. Diesbezüglich differenzieren sich KKU nicht wesentlich von MGU, jedoch zeigte sich im Hinblick auf einzelne Systeme eine bevorzugte Nutzung durch KKU im Vergleich zu MGU, was jedoch nicht zu einer erhöhten Zufriedenheit mit der Datenqualität führt. Die geringe Resonanz auf die Frage nach den einzelnen **Prozessschritten** innerhalb der Datengewinnung weist wiederum auf den Grund mangelnder Datenqualität hin, unabhängig von der Unternehmensgröße.

Literatur

Harrach, H. 2010. *Risiko-Assessments für Datenqualität. Konzepte und Realisierung*. Wiesbaden: Springer.

Helmke, S., M. Uebel, und W. Dangelmaier. 2008. *Effektives Customer Relationship Management: Instrumente – Einführungskonzepte – Organisation.* Wiesbaden: Springer-Gabler.

Hildebrand, K., M. Gebauer, H. Hinrichs, und M. Mielke. 2008. *Daten- und Informationsqualität: Auf dem Weg zur Information Excellence.* Wiesbaden: Springer.

Janßen, O. 2012. *Herausforderungen 2013 der Marketingentscheider in B2B Unternehmen.* Bielefeld: TNS Infratest-Industriemarktforschung B2B.

Laudon, K. C., und J. Laudon. 2011. *Essentials of management information systems.* 9. Aufl. New Jersey: Prentice Hall.

Morbey, G. 2011. *Datenqualität für Entscheider in Unternehmen.* Wiesbaden: Springer-Gabler.

Oz, E. 2009. *Management information systems.* 6. Aufl. Boston: Course Technology.

Schütte, R., und O. Vering. 2011. *Erfolgreiche Geschäftsprozesse durch moderne Warenwirtschaftssysteme: Produktübersicht marktführender Systeme und Auswahlprozess.* Berlin: Springer.

Würthele, V. 2003. *Datenqualitätsmetrik für Informationsprozesse. Datenqualitätsmanagement mittels ganzheitlicher Messung der Datenqualität.* Norderstedt: Books on Demand.

11 Entscheidungen in Marketing und Vertrieb

Marketing als Managementfunktion bedingt ein systematisches **Entscheidungsverhalten**, das, diskutiert auf der Basis des entscheidungsorientierten Ansatzes (vgl. Nieschlag et al. 2002), dem Verantwortlichen eine Entscheidungsstrukturierung und -analyse ermöglicht (vgl. Bruhn 2010, S. 23). Inhaltlich kann der Begriff des Marketing-Managements in funktionaler Hinsicht als betriebliche Funktion mit Berücksichtigung aller marketingrelevanten Prozesse innerhalb eines Unternehmens sowie zwischen Unternehmen und seiner Umwelt definiert werden, unter Beachtung der verfolgten **Unternehmens-** und **Marketingziele**. Institutionell umfasst das Marketing-Management alle Personen, die mit Anweisungsbefugnissen im Aufgabenbereich ausgestattet sind (vgl. Sander 2004, S. 13). Die Realisierung der Aufgaben setzt wiederum eine Marketingplanung voraus, mit deren Hilfe Chancen und Risiken aus der Mikro- und Makroumwelt des Unternehmens oder eines Geschäftsfeldes den internen Stärken und Schwächen gegenübergestellt und analysiert werden (vgl. Meffert et al. 2012, S. 233).

Die **Planung** wird differenziert in die strategische Marketingplanung sowie den Einsatz von **Marketinginstrumenten** im Sinne einer weitestgehend operativen Planung (vgl. Bruhn 2010, S. 37; Sander 2004, S. 15). Dieser Marketing-Mix, bezeichnet als 4Ps, umfasst die Produktpolitik (product), die Preispolitik (price), die Distributionspolitik (place) sowie die Kommunikationspolitik (promotion).

Im Mittelpunkt der absatzpolitischen Aufgabe eines Unternehmens steht dabei stets der **Kunde** sowie seine Bedürfnisbefriedigung, weshalb dem **Vertrieb**, definiert als organisatorischer Teilbereich mit der Aufgabe der Initiierung, Entwicklung und Förderung von Kundenbeziehungen (vgl. Kraft 1995, S. 9) als absatzpolitischem Bereich neben dem Marketing eine **Schnittstellenbeziehung** zukommt, was eine gleichzeitige Betrachtung beider Bereiche notwendig macht (vgl. Haase 2006, S. 1). In der Theorie hat sich die Verkaufspolitik noch zu keinem zentralen Bestandteil neben dem Marketing entwickelt und auch in der Praxis wird dem Verkaufen oft das Image des „Klinkenputzers" unterstellt (vgl. Winkelmann 2013, S. 283 f.). Festzustellen ist jedoch, dass Unternehmen oftmals einen Mangel aufgrund fehlender Führungskräfte im Vertrieb beklagen, da dieser maßgeblich Einfluss auf Kundenwahrnehmung und **Unternehmenserfolg** ausübt (vgl. Homburg und Wieseke 2011, S. 5). Aufgrund dieser Bedeutung werden in diesem Forschungsbericht absatzpolitische Fragestellungen, gegliedert nach den Anforderungen an die Marketingplanung, explizit auf das Marketing und den Vertrieb formuliert.

Die **Besonderheit** der Marketingbetrachtung im Mittelstand begründet sich nicht durch den vielfach unterstellten Fakt, dass mittelständische Unternehmen näher am Kunden seien, wohingegen große Unternehmen über expliziteres Knowhow und Budget zur Realisierung erfolgreicher Marketingkonzepte verfügen. Mittelständischen Unternehmen mangelt es vielmehr erheblich an Handlungskompetenz zur Entwicklung und Umsetzung von Marketing- und Vertriebskonzeptionen, wodurch sich entsprechend Verbesserungspotenziale auch hin zur Kundennähe ergeben (vgl. Renker 2009, S. 61 f.).

11.1 Marketingplanung und -informationsgewinnung

Aus institutioneller Sicht spielen die **Akteure** als Entscheidungsträger im Rahmen der Marketing- und Vertriebsaufgaben eine entscheidende Rolle. Die Verantwortlichen übernehmen sowohl die Rolle des „Denkers", durch die Erarbeitung von Konzeptionen und Prozessen, die Rolle des „Strategen", zur Entwicklung von Marktstrategien und Ressourcenallokation, sowie die Rolle des „Coaches", zur Förderung und Motivation der Mitarbeiter. Deshalb werden die Probanden dazu befragt, welchen **Anteil**, ausgedrückt in Prozent, die in Abb. 11.1 gezeigten Akteure bezüglich **Marketing/Vertriebs-Entscheidungen** haben.

Deutlich sichtbar kommt dem **Top-Management** im Sinne des CEO, CFO etc. der größte Anteil mit 93 % der Entscheidungsverantwortung zu, gefolgt vom **Leiter-Marketing** (67 %) sowie **anderen Mitarbeitern** der organisatorischen Teilbereiche Marketing und Vertrieb (62 %). Ein weiterer Anteil von 62 % kommt dem **(Produkt-)Entwickler** zu, auf den **Programm-/Produktmanager** entfallen 60 %. Eine geringere Bedeutung kommt dem **Kunden(gruppen)manager** (55 %) sowie **externen Akteuren** (52 %) zu.

Auch ein **Experte** bestätigt diese Tendenz. Dieser attestiert dem Top-Management eine Entscheidungsgewalt von 63 %. Das Top-Management sei jedoch auch gleichzeitig Produktmanager. Zudem komme dem Leiter Marketing, der gleichzeitig für die Kunden in seiner Funktion als Manager zuständig ist, ein Anteil von 37 % zu.

11.1 Marketingplanung und -informationsgewinnung

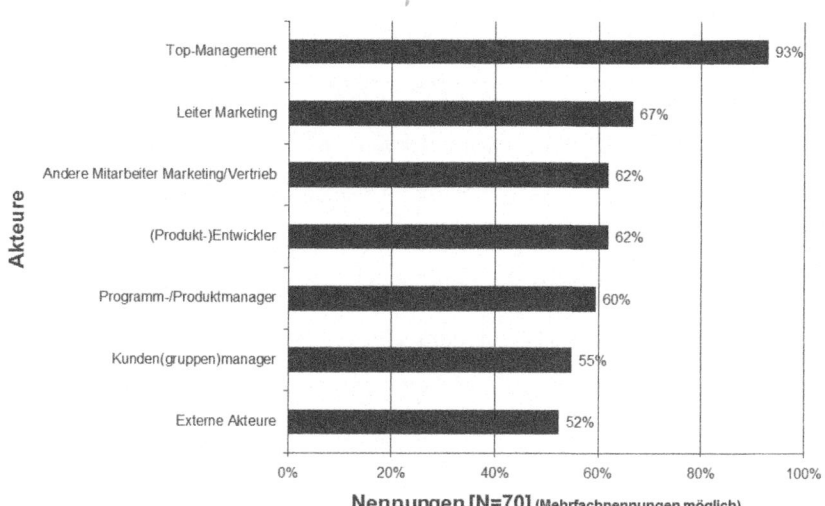

Abb. 11.1 Akteure der Marketing-/Vertriebsentscheidungen

Eine weitere Mittelstandsstudie bescheinigt auch dem Geschäftsführer bzw. Top-Management die höchste Marketingverantwortung, wodurch den Unternehmen eine **Marketing-Professionalität** bestätigt werden kann (vgl. Renker 2009, S. 61). Diese Personen tragen somit in mittelständischen Unternehmen maßgeblich zur Planung der Marketing- und Vertriebsaktivitäten bei. Die Planung erfolgt i. d. R. im Zeitraum eines Geschäftsjahres als revolvierender Prozess mit fixierten Planungszyklen, die in Abhängigkeit von den Spezifika des Planungsobjektes variieren können (vgl. Bruhn 2010, S. 37 f.). Der **idealtypische Prozess** der Marketing-/Vertriebsplanung beginnt mit einer Situationsanalyse, gefolgt von der Festlegung der Ziele und Strategie. Anschließend erfolgt eine Auswahl der Instrumente, deren Implementierung und Kontrolle (vgl. Bruhn 2010, S. 38; Meffert et al. 2012, S. 234).

Diesbezüglich werden die Probanden darum gebeten eine Auskunft darüber zu geben, wie wichtig die einzelnen **Aspekte** im Rahmen ihrer **Marketingplanung** sind, ergänzt um die Aspekte der Markenwertsteuerung als herausragendem Erfolgsfaktor und oftmals wesentlicher Erfolgsposition im Rahmen der Produktpolitik (vgl. Runia 2011, S. 166 ff.) sowie der Absatzprognose, d.h. der Bedeutung der zukünftigen ökonomischen Absatzereignisse (vgl. Pepels 2012, S. 377). Siehe dazu Abb. 11.2.

Den strategischen Aufgaben der **Situationsanalyse** sowie der **Formulierung von Zielen** (sehr stark: 40 %; stark: 43 %) kommt die zentralste Bedeutung zu.

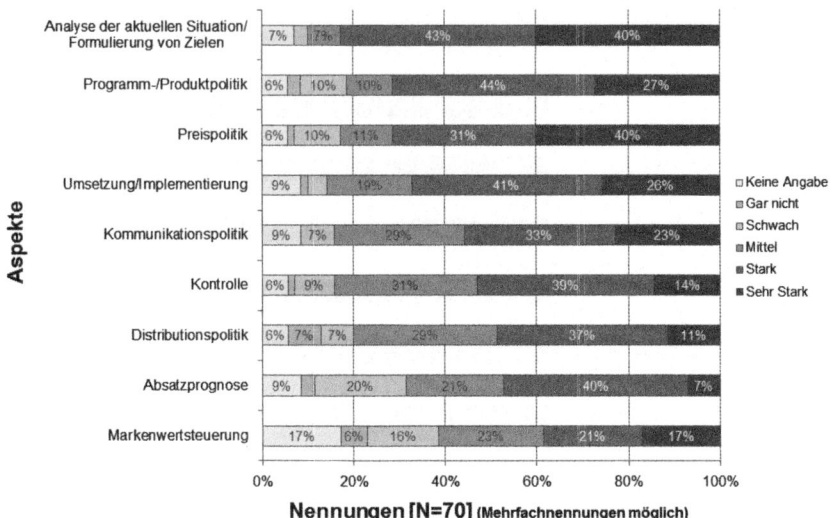

Abb. 11.2 Bedeutung der Aspekte der Marketing-/Vertriebsplanung

Daran anschließend folgen die Instrumente der **Programm-/Produktpolitik** (sehr stark: 27 %; stark: 44 %) und der **Preispolitik** (sehr stark: 40 %; stark: 31 %), bevor die **Umsetzung/Implementierung** (sehr stark: 26 %; stark: 41 %) eine Rolle spielt. Erst daran schließt das Instrument der **Kommunikationspolitik** an (sehr stark: 23 %; stark: 33 %), gefolgt von der **Kontrolle** (sehr stark: 14 %; stark: 39 %) sowie der **Distributionspolitik** (sehr stark: 11 %; stark: 37 %) als am wenigsten bedeutsames Instrument des Marketing-Mix. Die **Absatzprognose** (sehr stark: 7 %; stark: 40 %) sowie die **Markenwertsteuerung** (sehr stark: 17 %; stark: 21 %) bilden die Schlusslichter des Beurteilungskatalogs.

Die Bewertung strategischer Aufgaben als wichtigster Aspekt der Marketing-/Vertriebsplanung scheint nicht verwunderlich, da mittelständische Unternehmen der **Strategie** im Allgemeinen zu 79 % eine **hohe Bedeutung** zusprechen (vgl. Kahle 2009, S. 4). In Bezugnahme auf die **Zielformulierung** stehen die Erhöhung der allgemeinen Produkt- und Servicequalität sowie kundenspezifische Verbesserungen von Produkten und Leistungen sowie des Kundenbeziehungsmanagements im Fokus, so eine Studie der Industriemarktforschung B2B zu den Herausforderungen mittelständischer Entscheidungsträger (vgl. Janßen 2012, S. 3). Letzteres Ziel scheint nicht verwunderlich; so verdeutlichte bereits die geringe Nutzungsrate von Kundenbeziehungsmanagementsystemen einen generellen Mangel.

Im Kontrast mit dem **Strategie-Typ** zeigt sich folgendes in Abb. 11.3 dargestelltes Ergebnis.

11.1 Marketingplanung und -informationsgewinnung

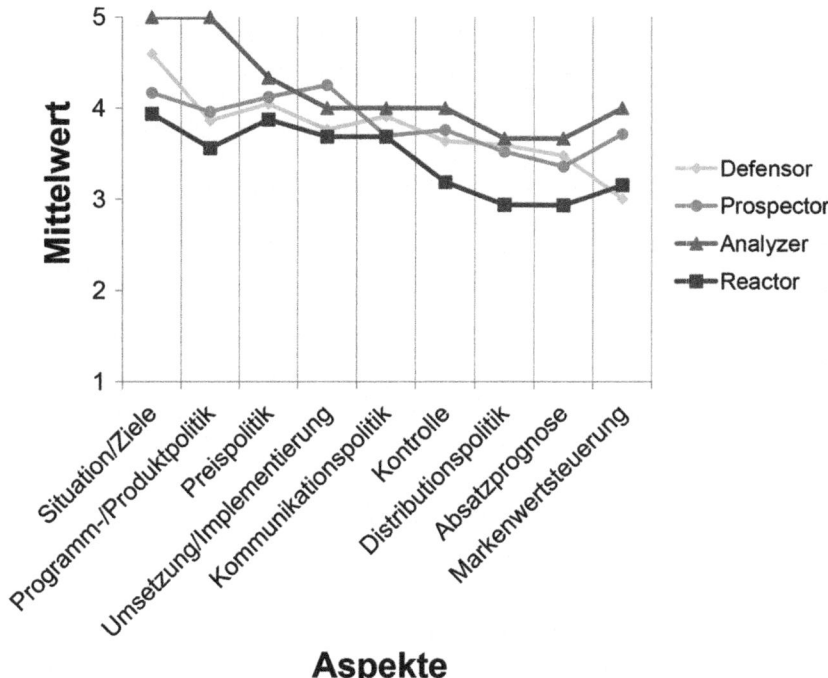

Abb. 11.3 Bedeutung der Aspekte der Marketing-/Vertriebsplanung

Insbesondere der **Analyzer** entspricht seinem Charakter und beurteilt die Bedeutung des strategischen Marketings sehr hoch. Gleichzeitig fällt der **Reactor** mit der geringsten Bedeutung für Kontrolle, Distribution und Absatz auf.

Damit überhaupt im Rahmen der Marketing-/Vertriebsplanung eine Entscheidung über einzelne Aspekte getroffen werden kann, sind **Informationen** von notwendiger Voraussetzung. Neben Aussagen über Märkte geben sie Auskunft über Konkurrenten und Nachfragen, agieren als Hilfestellung bei der Wahl von Entscheidungsalternativen und verschaffen einen Überblick über Wirkungen eigener Maßnahmen (vgl. Sander 2004, S. 203). Dabei wird differenziert zwischen **internen Daten**, wie u.a. Daten der Buchführung und Bilanzierung, sowie **externen Daten**, wie beispielsweise Daten von Instituten/Behörden (vgl. Busch et al. 2008, S. 404 f.). Entsprechend werden die Probanden in einer geschlossenen Frage darum gebeten anzugeben, inwieweit ausgewählte **interne** und **externe Datenquellen** im Rahmen ihrer Marketing-/Vertriebstätigkeiten genutzt werden (Abb. 11.4).

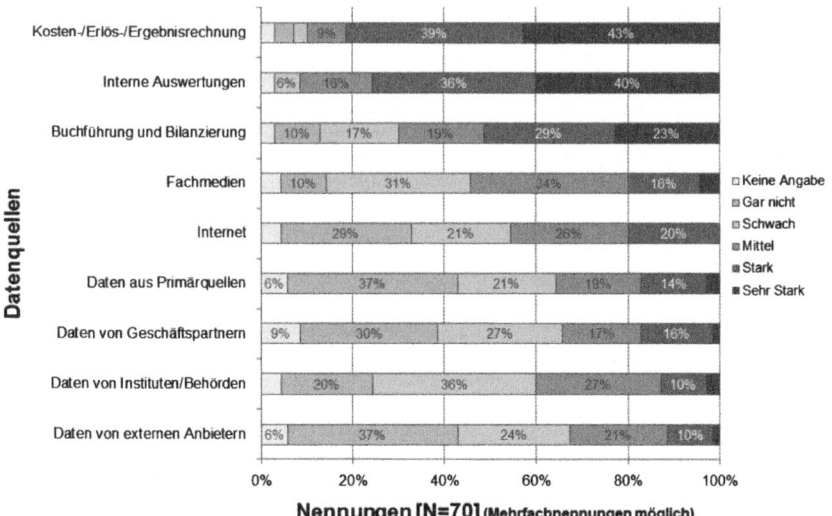

Abb. 11.4 Nutzung von Datenquellen

Daten der **Kosten-/Erlös-/Ergebnisrechnung** werden zumeist genutzt (sehr stark: 43 %; stark: 39 %), gefolgt von **internen Auswertungen** (sehr stark: 40 %; stark: 36 %) sowie Daten der **Buchführung und Bilanzierung** (sehr stark: 23 %; stark: 29 %). Darauf folgen alle weiteren Daten mit vergleichsweise geringer Bedeutung: **Fachmedien** (sehr stark: 4 %; stark: 16 %), **Internet** (stark: 20 %), Daten aus **Primärquellen** (sehr stark: 3 %; stark: 14 %), Daten von **Geschäftspartnern** (sehr stark: 1 %; stark: 16 %), Daten von **Instituten/Behörden** (sehr stark: 3 %; stark: 10 %) und Daten von **externen Anbietern** (sehr stark: 1 %; stark: 10 %).

Deutlich erkennbar ist, dass mittelständische Unternehmen stark auf ihre internen Daten fixiert sind. Dies zeigt auch eine **weitere Studie** mit dem Ergebnis, dass interne Quellen zu 45 % genutzt werden, externe Quellen nur zu 35 %, über den Rest entscheidet das Bauchgefühl (vgl. Janßen 2012, S. 4). Zu beachten ist dabei jedoch, dass auf der einen Seite die internen, „**automatisch**" vorhandenen Daten durch externe Daten positiv angereichert werden können und somit eine Notwendigkeit der Nutzung impliziert werden kann. Eine weitere externe, **erklärende Komponente** ist im Marketing/Vertrieb insbesondere für die Analyse hypothetischer Konstrukte, wie u.a. das Image oder die Zufriedenheit von Bedeutung. Somit ergibt sich eine adäquate Datenbasis erst, wenn unternehmensinterne durch -externe Daten angereichert werden, was wiederum als Voraussetzung für eine optimale Entscheidungsfindung gilt (vgl. Göb 2010, S. 81 f.). Auf der anderen Seite

11.2 Produktplanung

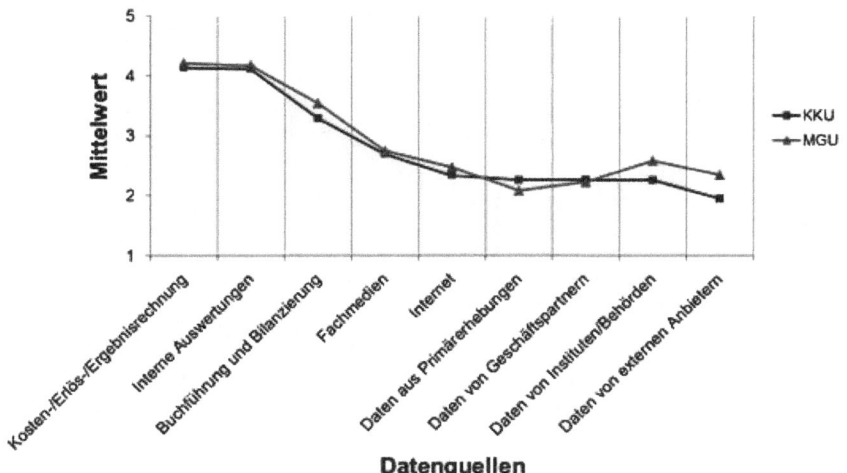

Abb. 11.5 Nutzung von Datenquellen und Unternehmensgröße

steht die Beschaffung externer Daten im Vergleich in Verbindung mit hohen Kosten, weshalb eine Kosten-Nutzen-Analyse stets erfolgen sollte (vgl. Roleff 2001, S. 271 ff.). Ein **Experte** erklärt hierzu, dass externe Datenquellen nicht systematisch in den Informationsversorgungsprozess des Unternehmens einfließen. „Viele der **Marketinguntersuchungen** habe man an eine **Agentur** ausgelagert, die etwa die Wirksamkeit von Kampagnen untersuche."

Ob größere Mittelständler (MGU) sich mehr Datenquellen bedienen als KKU zeigt die Kontrastierung in Abb. 11.5 auf Basis einer **Mittelwertanalyse**.

Die Abb. 11.5 verdeutlicht, dass **MGU** tendenziell **mehr Datenquellen** nutzen als KKU. Lediglich in Bezug auf Daten aus Primärerhebungen sowie Daten von Geschäftspartnern ergeben sich umgekehrte Ergebnisse, was durch die zugesprochene, stärkere Kundennähe von KKU begründet werden kann.

11.2 Produktplanung

Ein Produkt charakterisiert sich „als eine **Menge** von **Eigenschaften**, welche kombiniert werden und in der Lage sind, eine oder mehrere Bedürfnisse von Nachfragern zu befriedigen und gleichzeitig erlauben, betriebliche Ziele zu erreichen (Sander 2004, S. 349)." Die **Produkttypologien** können unterschieden werden in Gebrauchsgüter, Verbrauchsgüter und Dienstleistungen mit individuellem Grundnutzen sowie Zusatznutzen, wobei der Zusatznutzen eine Differenzierung vom

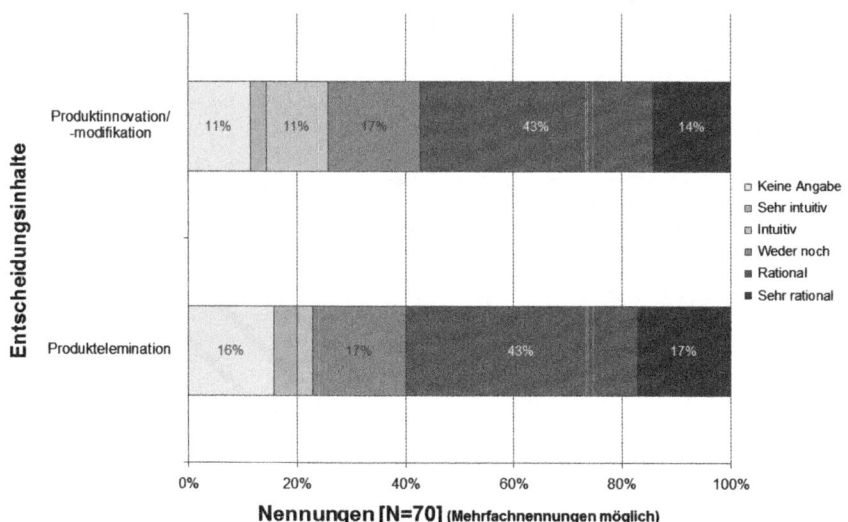

Abb. 11.6 Entscheidungsinhalte der Produktpolitik

Angebot der Konkurrenz zulässt (vgl. Sander 2004, S. 351 f.; Hesse et al. 2007, S. 152). Beispielhaft befriedigt die Produktion von Fruchtgummis das Bedürfnis des Kunden nach Süßigkeiten als Grundnutzen. Zusätzlich kann durch die Fettreduzierung dieser Fruchtgummis ein weiteres Bedürfnis, die Verhinderung einer Gewichtszunahme, erfolgen. Eine Wettbewerbsdifferenzierung entsteht.

Innerhalb des Marketings/Vertriebs nimmt die Produktpolitik, aufgrund der Entscheidung über die anzubietenden Leistungen nicht nur als technisches, sondern vor allem als marktbezogenes Problem, eine exponierte Stellung ein. Als „**Herz des Marketings**" (Meffert 1978, S. 519) sind die Entwicklung neuer Erzeugnisse sowie die Verbesserung, Ergänzung und Elimination vorhandener Produkte für die Überlebensfähigkeit des Unternehmens im Wettbewerb von zentraler Bedeutung (vgl. Meffert et al. 2012, S. 385). In Anbetracht dieser Entscheidungssachverhalte werden die Probanden gebeten eine Aussage auf einer 5-stufigen Likert-Skala darüber zu tätigen, wie sie diese **Entscheidungen** treffen, eher **intuitiv** oder eher **rational** (siehe dazu Abb. 11.6).

Entscheidungen über **Produktinnovation/-modifikation** werden zum Großteil rational (sehr rational: 14 %; rational: 43 %) getroffen, ebenso wie Entscheidungen über **Produkteliminationen** (sehr rational: 17 %; rational: 43 %).

Die Bedeutung dieser Entscheidungsinhalte vorausgesetzt, verlassen sich mittelständische Unternehmen hierbei nicht auf ihren Bauch, sondern untermauern

11.2 Produktplanung

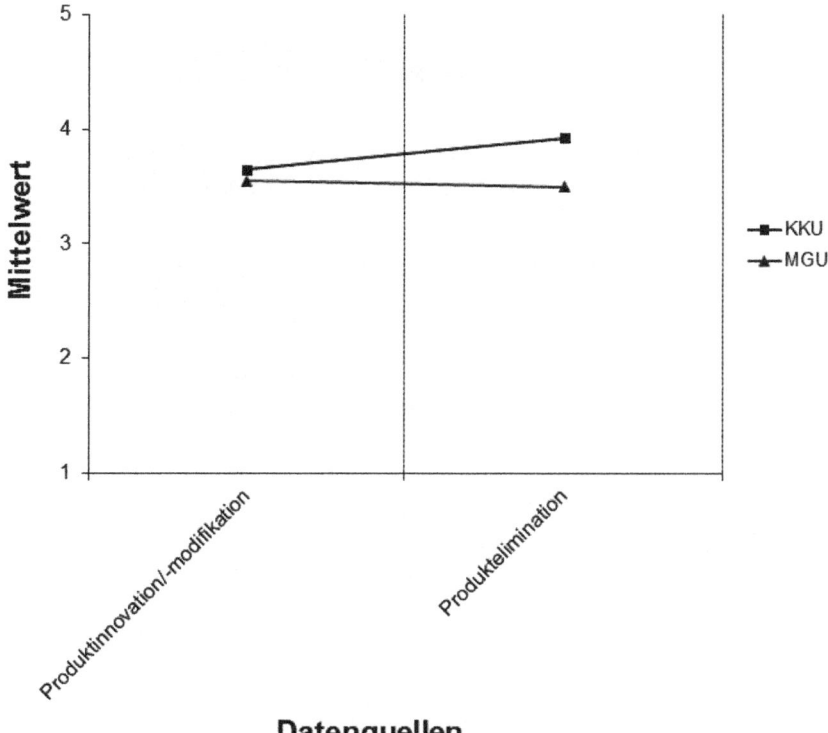

Abb. 11.7 Entscheidungsinhalte der Produktpolitik und Unternehmensgröße

ihre Entscheidung vorwiegend mit **Fakten**, also Daten, um eine möglichst optimale Entscheidung im Rahmen der Produktpolitik treffen zu können. Inwieweit sich MGU und KKU bzgl. dieser Entscheidungen differenzieren, zeigt die **Kontrastierung** in Abb. 11.7 anhand der Mittelwerte.

Es zeigt sich, dass **KKU** insbesondere vermehrt in Bezug auf die Produkteliminierung **rationalere Entscheidungen** treffen als MGU, was auf ein größeres Erfahrungswissen und Marktgefühl der Entscheider in MGU und somit auf eher intuitive Entscheidungen im Vergleich zu KKU zurückgeführt werden kann.

Die grundsätzliche Ausrichtung des gesamten **Produktportfolios** kann sich an verschiedenen Kriterien orientieren. So kann das Portfolio den **Produkt- und Erlebnisbedürfnissen** der Nachfrager entsprechend zusammengestellt werden, indem unterschiedlichste Rohstoffe eingesetzt werden. Eine **Preisorientierung** kann durch die explizite Auswahl der Zugehörigkeit der Produkte zu ausgewählten

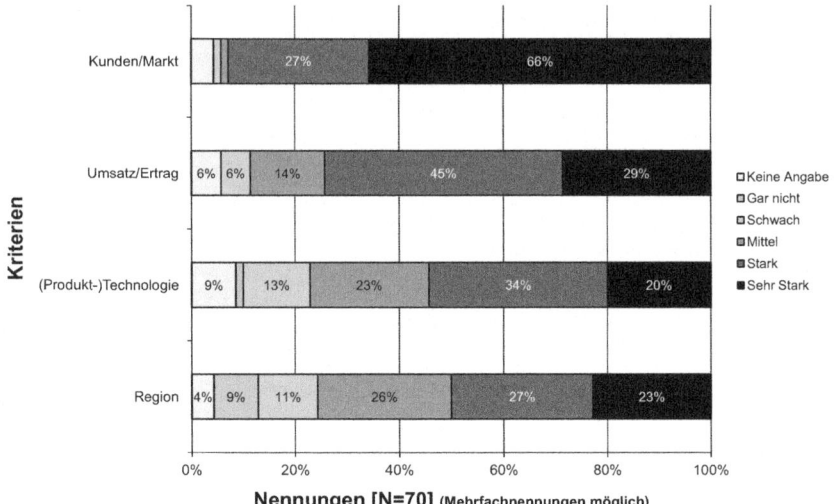

Abb. 11.8 Einflusskriterien auf das Produktportfolio

Preisklassen erfolgen. Weitere Orientierungsmöglichkeiten bietet die **Region** im Sinne einer Bestimmung des Portfolios durch die Herkunft oder Bezugsquelle des **Materials**. Zudem kann der **technologische Fortschritt** einen Einfluss auf das Portfolio ausüben (vgl. Meffert et al. 2012, S. 390 f.). Deshalb wurden die Probanden darüber befragt, welchen **Einfluss** diese Kriterien auf die Segmentierung ihres Produktportfolios haben (siehe Abb. 11.8).

Der **Kunde** bzw. **Markt** hat mit 93% (sehr stark: 66%; stark: 27%) den größten Einfluss auf die Segmentierung des Produktportfolios. Dahinter befindet sich der **Umsatz/Ertrag** (sehr stark: 29%; stark: 46%) sowie die **(Produkt-)Technologie** mit 54% (sehr stark: 20%; stark: 34%). Das Schlusslicht bildet die **Region** (sehr stark: 23%; stark: 27%).

Die den mittelständischen Unternehmen stets nachgesagte, jedoch kritisch zu hinterfragende Kundennähe steht gleichzeitig für den größten Einflussfaktor auf das Produktportfolio. Zudem kann die Frage nach **Fachkräften** an dieser Stelle nicht unbeachtet bleiben. Unabhängig von der Entscheidungsfindung und Bedeutung einzelner Einflusskriterien in der Produktpolitik kann eine **Innovation** nur mit entsprechenden Fachkräften, oftmals Ingenieuren, vorangetrieben werden. Doch gerade hier sieht der Mittelstand aktuell und zukünftig eine große Lücke in Bezug auf Forschung, Entwicklung und Konstruktion. Fachkräfte setzen jedoch wiederum eine erfolgreiche Produktpolitik voraus.

11.3 Preispolitik

Die Fähigkeit der Durchsetzung von Preisen gilt, aufgrund des direkten Einflusses preispolitischer Entscheidungen auf den Umsatz und somit auch unmittelbar auf den Gewinn, als **Indikator** für die **Marktstellung** eines Unternehmens. Sie beschäftigt sich mit der Bestimmung und dem Aushandeln von Preisen und sonstigen Kauf- und Vertragsbedingungen, wie z. B. Zahlungs- und Lieferbedingungen, Rabatten und Skonti, und wird deshalb auch als **Kontrahierungspolitik** betitelt (vgl. Bruhn 2010, S. 165). Entscheidungen über den Preis müssen mit Vorsicht getroffen werden. So können zu hohe Preise zu Nachfragerückgängen, Leerkapazitäten sowie schließlich zu Gewinnrückgängen oder Verlusten führen. Zu geringe Preise wirken wiederum negativ auf Deckungsbeiträge und können die Konkurrenz zu existenzbedrohenden Preiskämpfen veranlassen (vgl. Olbrich und Battenfeld 2007, S. 3).

Inhaltlich müssen deshalb verschiedene **Aspekte** im Rahmen der Preisentscheidung beachtet werden (vgl. Meffert et al. 2012, S. 472 f.):

- **Produktinnovation/-modifikation/-elimination**: Eine neue Festlegung des Preises muss bei Neuprodukten oder neuen Produktvarianten erfolgen; Preisänderungen müssen bei Produktmodifikationen beachtet werden.
- **Kostenveränderungen**: Die innerbetriebliche Kostenstruktur kann sich u.a. aufgrund von Rationalisierungsmaßnahmen oder Erfahrungskurveneffekten verändern, sodass eine Preisreduzierung durchgeführt werden muss.
- **Portfolioveränderung**: Hierbei erfolgt die Ermittlung des optimalen Preisverhältnisses von Produkten innerhalb einer Produktlinie, der Produktlinie zueinander sowie unterschiedlicher Marken im Produktprogramm.
- **Konkurrenzreaktionen**: Neue Produkte von Wettbewerbern sowie deren Preisveränderungen können zur Anpassung des eigenen Preises führen.
- **Veränderung** des Marktes: Markterschließungen, im Sinne des Eintritts in neue Märkte mit vorhandenen Produkten, sowie Veränderungen des Marktvolumens, aufgrund zurückgehender oder stark wachsender Gesamtnachfrage, fordern eine Preisentscheidung.
- **Anforderungen von Zulieferern oder Handelspartner**: Preisveränderungen dieser wirken sich unmittelbar auf den eigenen Preis aus.

Welche Bedeutung diese Aspekte in mittelständischen Unternehmen im Rahmen der Preisentscheidung haben, ist Gegenstand der nächsten Frage (siehe dazu Abb. 11.9).

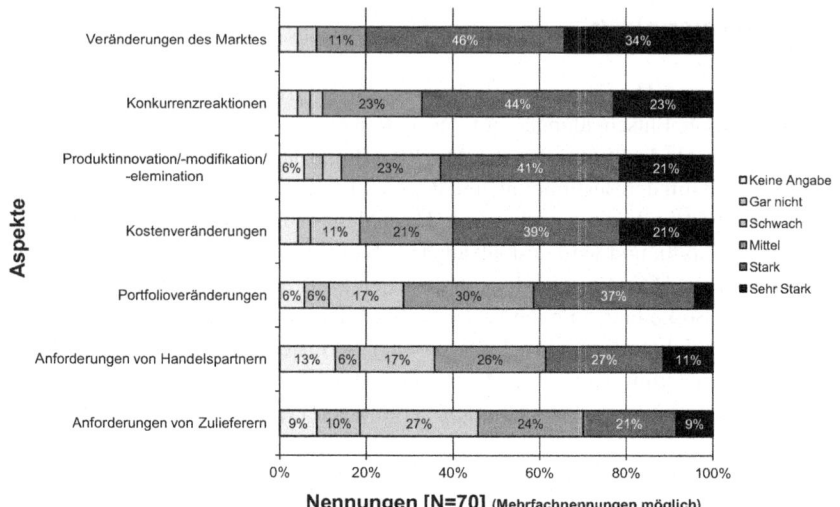

Abb. 11.9 Aspekte von Preisentscheidungen

Veränderungen des Marktes nehmen in mittelständischen Unternehmen die zentralste Bedeutung (sehr stark: 34 %; stark: 46 %) im Rahmen von Preisentscheidungen ein. Dahinter schließen sich die **Konkurrenzreaktionen** (sehr stark: 23 %; stark: 44 %), **Produktinnovation/-modifikation/-elemination** (sehr stark: 21 %; stark: 41 %) sowie **Kostenveränderungen** (sehr stark: 21 %; stark: 39 %) mit ähnlicher Bedeutung an. Zuletzt fallen **Portfolioveränderungen** (sehr stark: 4 %; stark: 37 %), Anforderungen von **Handelspartnern** (sehr stark: 11 %; stark: 27 %) sowie Anforderungen von **Zulieferern** (sehr stark: 9 %; stark: 21 %) ins Gewicht.

Eine zweite Fragestellung zielte darauf ab zu erfahren, wie die Entscheidungen im Rahmen der Preispolitik getroffen werden – eher **intuitiv** oder **rational** (siehe Abb. 11.10).

Preispolitische Entscheidungen werden von 20 % der befragten **sehr rational** getroffen. 51 % und damit der Großteil entscheiden **rational**, 4 % **intuitiv** und 3 % **sehr intuitiv**. 16 % sind diesbezüglich **indifferent**, 6 % machen keine Angabe zu der Frage.

Die **Kontrastierung** nach der Unternehmensgröße zeigt das in Abb. 11.11 dargestellte Entscheidungsverhalten.

Erkennbar ist, dass auch hier die KKU vermehrt rational ihre Entscheidungen untermauern, was wieder auf geringere **Erfahrungswerte** oder **Unsicherheiten** schließen lässt.

11.3 Preispolitik

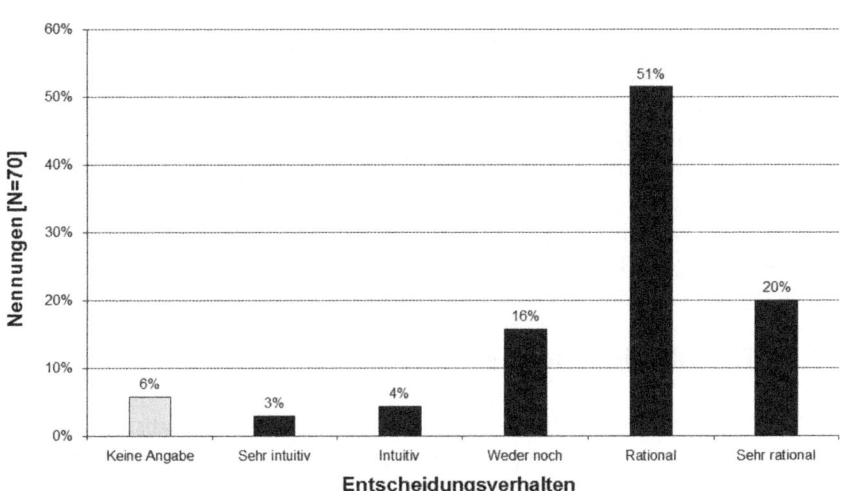

Abb. 11.10 Entscheidungsverhalten in der Preispolitik

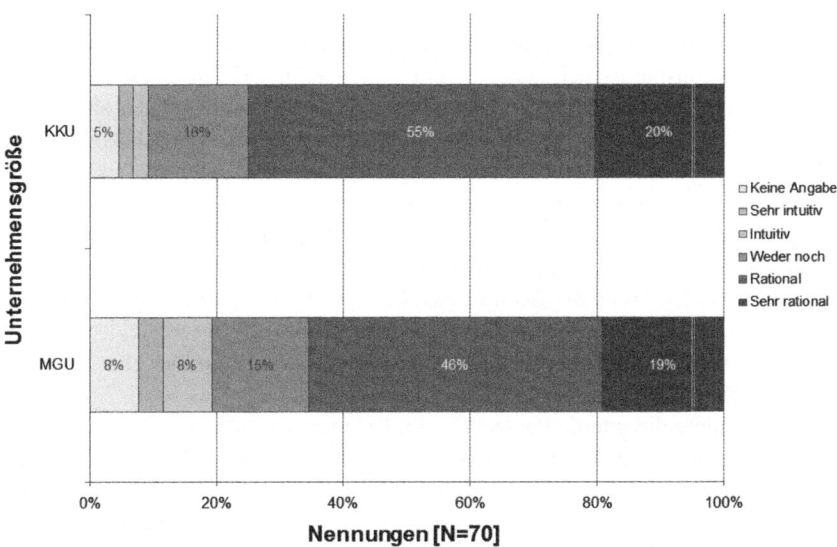

Abb. 11.11 Entscheidungsverhalten in der Preispolitik und Unternehmensgröße

Der Preispolitik kommt laut einer anderen Mittelstandsstudie in mittelständischen Unternehmen keine strategische Bedeutung zu. **Preisflexibilität** und geringe Kosten stehen nicht im Fokus und werden entsprechend nicht als Wettbewerbsfaktor zur Stärkung der eigenen Position interpretiert (vgl. Pfau 2007, S. 4). Dies implizierte *Schwalbe* bereits 1990 dem Mittelstand, mit dem Hinweis, dass gerade diese Unternehmen es sich nicht erlauben können, Angebote auf den Markt zu bringen, die nicht preiswürdig sind. Dies schade dem **Ruf** mittelständischer Unternehmen zum großen Teil (vgl. Schwalbe 1990, S. 79).

11.4 Distributionspolitik

Nach erfolgreicher Entwicklung und Bestimmung eines wettbewerbsfähigen Verkaufspreises steht die **Leistungsverwertung** im Sinne des Verkaufens als einer Grundfunktion des Wirtschaftens, im Fokus (vgl. Winkelmann 2013, S. 283 f.). Dabei umfasst die Distributionspolitik die Gesamtheit aller Entscheidungen in Beug auf die **Verteilung** der hergestellten **Leistung** eines Unternehmens. Aufgaben der Analyse des Nachfragerbedarfs, die Formulierung von Distributionszielen, die Ableitung von Strategien im Absatzkanal und im logistischen System sowie Planung, Durchführung und Kontrolle aller Maßnahmen stehen hierbei im Fokus. Den distributionspolitischen Zielen kommt eine zentrale Orientierungsfunktion zu. Sie sind aus den übergeordneten Unternehmens- und Marketingzielen abzuleiten und differenzieren sich in **spezifische Zielgrößen** wie u.a. Vertriebskosten, die aufgrund großer Absatzvolumen oder aufgrund eines effizienten Kostenmanagements eine Reduktion erfahren können. Daneben muss der Distributionsgrad, die Kooperationsmaßnahmen, beispielhaft im Sinne der Einbindung von Absatzmittlern in die Marketing-/Vertriebsaktivitäten sowie die Aufbaudauer der Flexibilität festgelegt werden. Auch die Beeinflussbarkeit und Kontrollierbarkeit des Absatzkanals stehen im Fokus (vgl. Meffert et al. 2012, S. 545).

Die Probanden wurden bzgl. dieser **Ziele** befragt, ob sie darüber eher **rational** oder **intuitiv** entscheiden (siehe Abb. 11.12).

Insbesondere die interne Perspektive im Rahmen der Distribution, als die Entscheidungen über **Kosten**, werden von den mittelständischen Unternehmen bevorzugt rational (sehr rational: 29 %; rational: 36 %) getroffen. Die übrigen **Zielgrößen** werden zwar auch eher rational als intuitiv getroffen, die Nennungen tendieren jedoch im Vergleich zu den Kosten nicht ganz so deutlich zur rationalen Entscheidungsfindung: **Distributionsgrad** (sehr rational: 6 %; rational: 37 %), **Kontrollierbarkeit des Absatzkanals** (sehr rational: 10 %; rational: 30 %), **Kooperationen** (sehr rational: 6 %; rational: 34 %), **Aufbaudauer und Flexibilität** (sehr rational: 4 %; rational: 30 %).

11.4 Distributionspolitik

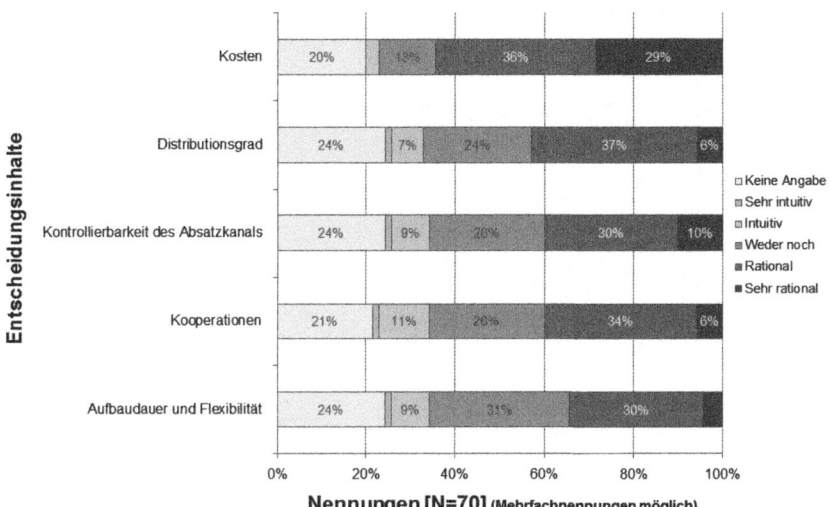

Abb. 11.12 Entscheidungsverhalten in der Distributionspolitik

Die **Differenzierung** in MGU und KKU zeigt das in Abb. 11.13 widergegebene Ergebnis. Ein Unterschied lässt sich im Entscheidungsverhalten in Bezug auf die **Kosten** sowie die Kontrollierbarkeit des Absatzkanals feststellen. Ersteres entscheiden die MGU rationaler als KKU. Erklärbar scheint dies im Hinblick darauf, dass den größeren mittelständischen Unternehmen mehr **Daten** zur Verfügung stehen. In Bezug auf die **Kontrollierbarkeit des Absatzkanals** überwiegen die KKU mit rationaleren Entscheidungen. Entsprechend der Unternehmensgröße im Hinblick auf vorwiegend **Nischenmärkte** mit wenigen **Konkurrenten**, die es zu bedienen und kontrollieren gilt, ist die Datenmenge, die hier zur Verfügung stehen kann und als Basis für eine rationale Entscheidung zugrunde liegt, entsprechend kleiner und leichter ermittelbar als bei MGU, wodurch sich die rationale Entscheidungsfindung von KKU begründen lässt.

Trotz Fokussierung des **Distributionsinstruments** auf das „Verkaufen", hat sich in der Theorie die damit unmittelbar in Verbindung stehende **Vertriebspolitik** noch zu keinem zentralen Bestandteil innerhalb der Marketinginstrumente entwickelt, wobei jedoch zahlreiche Marketingautoren den Verkauf im Rahmen der Distribution beachten (vgl. Winkelmann 2013, S. 283 f.). Im Fokus stehen dabei die Kunden, im Sinne einer Orientierung, die alle individuellen Wünsche und Bedürfnisse dieser in sämtlichen Wertschöpfungsprozessen des Vertriebs berücksichtigt (vgl. Homburg und Wieseke 2011, S. 413 ff.). Diese sind an das Unternehmen

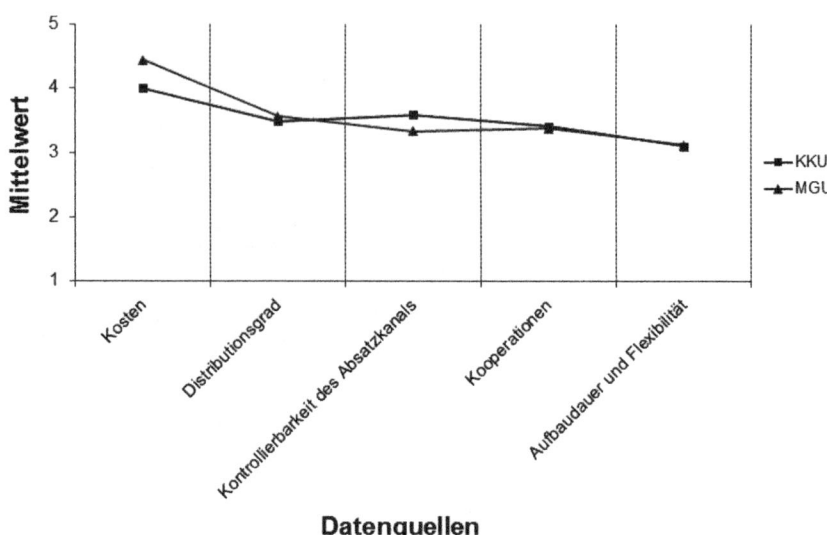

Datenquellen

Abb. 11.13 Entscheidungsverhalten in der Distributionspolitik und Unternehmensgröße

mit Hilfe von sogenannten **Kundenbindungsprogrammen** zu binden, d.h. es sind Maßnahmen zu entwickeln die darauf abzielen, das Verhalten eines Kunden gegenüber einem Anbieter und dessen Leistungen positiv zu gestalten, um die Beziehung zu stabilisieren und zukünftig auszuweiten (vgl. Homburg und Bruhn 2008, S. 8).

Inwieweit mittelständische Unternehmen die **Kundenbindung** im Allgemeinen fokussieren, oder ob sie mehr Wert auf Kundenneugewinnung legen, ist Gegenstand der ersten Fragestellung im Rahmen der Vertriebspolitik (siehe Abb. 11.14).

Die befragten Mittelständler geben an, dass sie sich zum Großteil (50%) den Schwerpunkt **sowohl** auf **Kundenbindung** als auch **Kundenneugewinnung** legen. 17% tendieren zur Kundenbindung, 1% ausschließlich zur Kundenbindung. Auf der anderen Seite tendieren 12% zur Kundenneugewinnung und 1% ausschließlich zur Kundenneugewinnung.

Die **Größendifferenzierung** zeigt das in Abb. 11.15 widergegebene Ergebnis. Aus der Abb. 11.15 lässt erkennen, dass **KKU** eher in **beide** Richtungen, also Kundenbindung und Kundenneugewinnung tendieren, wobei bei **MGU** eine leichte Tendenz hin zur **Kundenbindung** festzustellen ist.

Ein **Mittelwertvergleich** zeigt die unterschiedliche Fokussierung der verschiedenen **Strategietypen** (Abb. 11.16).

Der Prospector und Analyzer, im Gegensatz zum Defensor und Reactor, verfolgt eher die Kundenneugewinnungsstrategie, statt Kundenbindung. Diese Auswertung ist passend in Anlehnung an die Charakteristika der Strategietypen an

11.4 Distributionspolitik

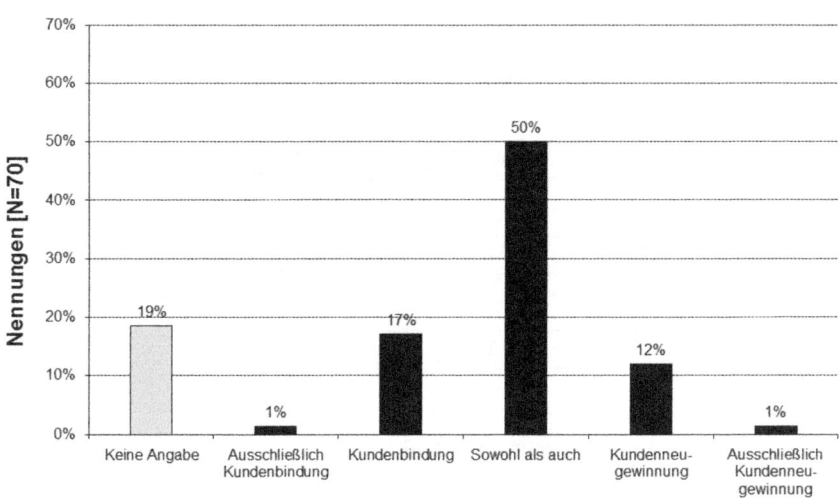

Abb. 11.14 Schwerpunkt im Rahmen der Distributionspolitik

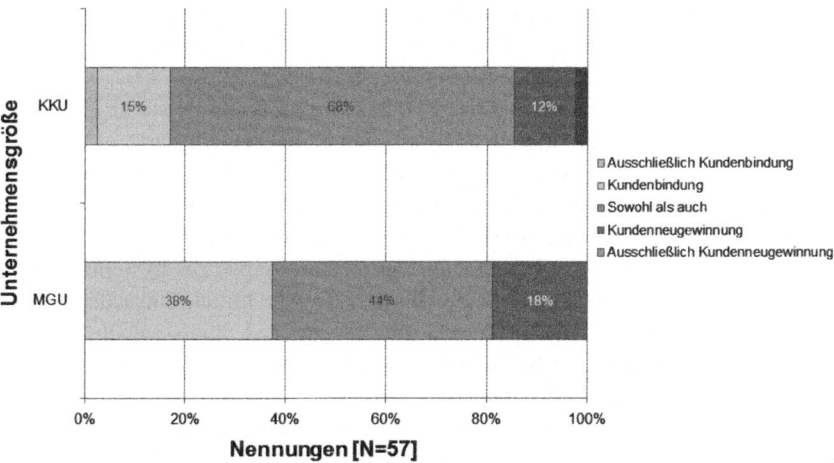

Abb. 11.15 Schwerpunkt im Rahmen der Distributionspolitik und Unternehmensgröße

sich. Insbesondere der Defensor sucht nach **Stabilität** durch bestehende Kundenbeziehungen, während der Prospector im Sinne seiner stetigen **Innovationstätigkeit** auch Kunden gewinnen möchte.

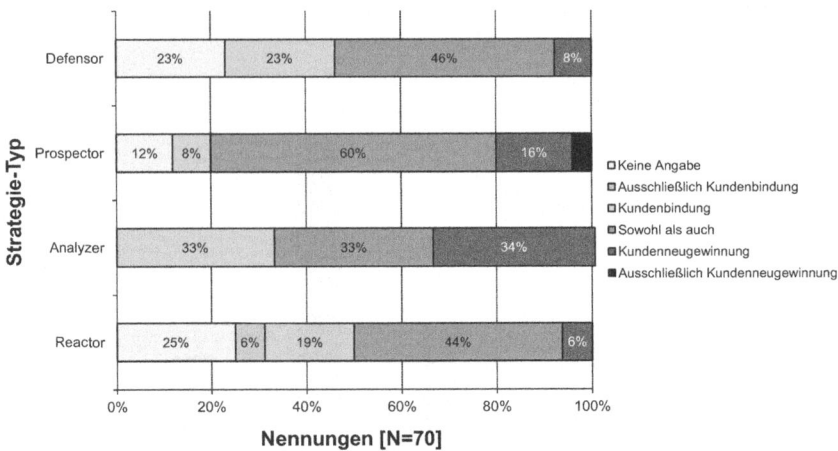

Abb. 11.16 Schwerpunkt im Rahmen der Distributionspolitik und Strategie-Typ

Der Kontakt zum Kunden kann, im Sinne eines **Kundenbeziehungsmanagements**, sowohl auf persönlicher Ebene durch z.B. Messen oder Schulungen, im telefonischen Kontakt, durch postalischen Kontakt, i.S.v. Werbebroschüren oder Prospekten, als auch in elektronischer Form (z. B. soziale Netzwerke, Internet-Shop) erfolgen. Welche Maßnahme mittelständische **Unternehmen** präferieren, haben sie in einer weiteren Frage beantwortet (siehe dazu Abb. 11.17).

Der **persönliche Kontakt** wird von 71 % (sehr stark: 44 %; stark: 27 %) der Probanden bevorzugt, gefolgt vom **telefonischen Kontakt** (sehr stark: 27 %; stark: 34 %). **Postalisch** nehmen 32 % (sehr stark: 3 %; stark: 29 %) Kontakt zu ihren Kunden auf, **elektronisch** nur 16 % (sehr stark: 7 %; stark: 9 %).

Die geringe Nutzung elektronischer Systeme, auch im Hinblick auf Marketing und Vertrieb, verdeutlichten bereits die Allgemeinen Fragen zur **Systemnutzung** im Mittelstand (vgl. Abschn. 11.1). Zwar attestieren die mittelständischen Unternehmen elektronischem Austausch eine zunehmende Bedeutung, jedoch, so zeigt auch eine andere Studie, steht ein elektronisches Kundenbeziehungsmanagement bei Unternehmen dieser Größe nicht im Fokus (vgl. Seign 2013, S. 2 ff.).

Eine abschließende Frage zielt darauf ab, wie hoch die Intensität des **Austauschs** mit den **Kunden** ist (siehe Abb. 11.18).

Deutlich zeigt Abb. 11.18, dass die Intensität des Austausches mittelständischer Unternehmen mit seinen Kunden **hoch** (55 %) bzw. **sehr hoch** (29 %) ist. Lediglich 9 % sagen, das der Austausch **weder hoch noch gering** ist, 3 % pflegen einen **geringen** Austausch. 4 % machen hierzu keine Angabe.

11.4 Distributionspolitik

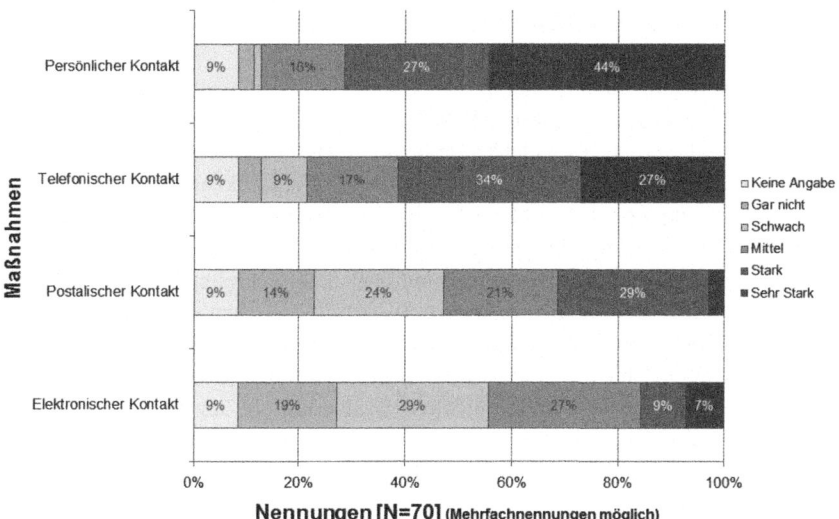

Abb. 11.17 Maßnahmen im Kundenbeziehungsmanagement

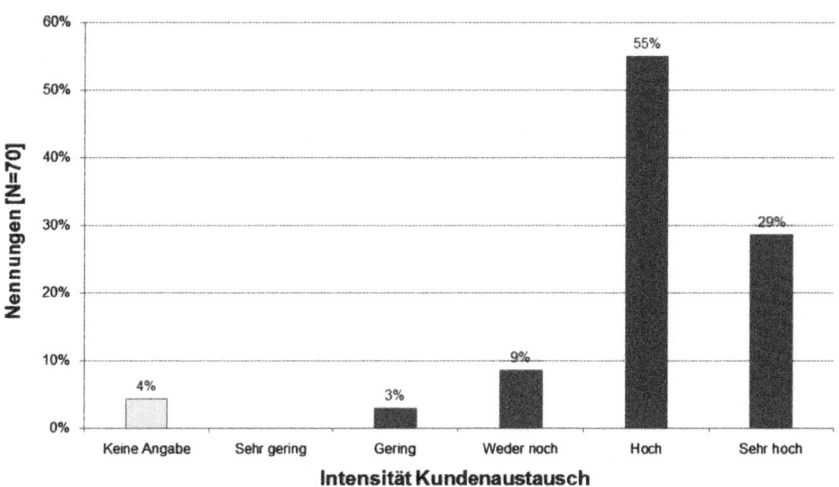

Abb. 11.18 Intensität des Kundenaustauschs

11.5 Kommunikationspolitik

Produktentwicklung, Bepreisung und Distribution sind nicht ausreichend im Rahmen des strategischen Marketings; ergänzend muss dem potenziellen Kunden auch mitgeteilt werden, zu welchen Bedingungen oder an welchen Orten ein bestimmtes Gut oder eine Dienstleistung beschafft werden kann. Insbesondere in einem **Käufermarkt** spielt die Kommunikationspolitik eine entscheidende Rolle, sodass durch den Informationsaustausch potenzielle Abnehmer über das Angebot eines Unternehmens genau informiert sind (vgl. Thommen und Achleitner 2012, S. 257). Kommunikation wird dabei als Austausch zwischen einem **Sender** und einem **Empfänger** mit dem Ziel verstanden, „**Informationen** über **Produkte** und das Unternehmen den gegenwärtigen und **potenziellen Kunden** sowie der an dem Unternehmen interessierten Öffentlichkeit zu übermitteln, um optimale Voraussetzungen (z. B. Markttransparenz, Schaffung von Entscheidungsgrundlagen) zur Befriedigung von Bedürfnissen zu schaffen." (Thommen und Achleitner 2012, S. 258). Eine Planung und somit auch eine Entscheidung muss neben den Zielen auch über das Budget, den Kommunikationskanal sowie das Medium getroffen werden. Wie mittelständische Unternehmen diese inhaltlichen Entscheidungen treffen, ob **rational** oder **intuitiv**, ist Thema der Abb. 11.19.

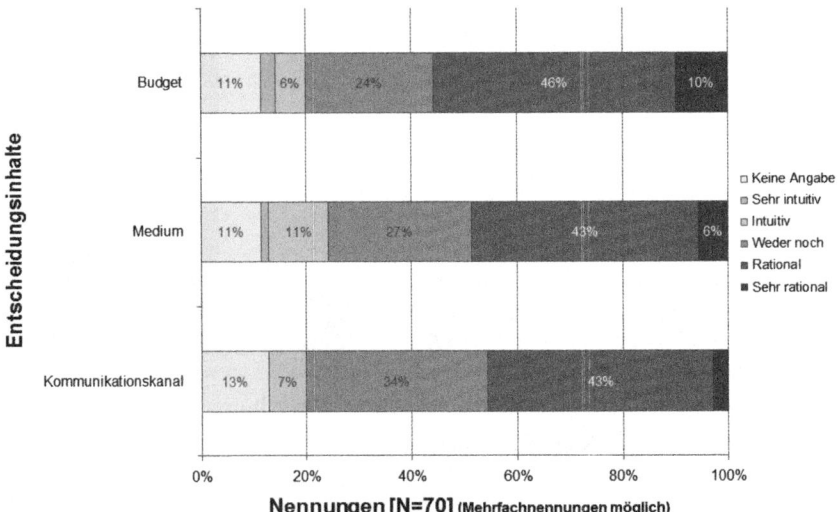

Abb. 11.19 Entscheidungsverhalten in der Kommunikationspolitik

11.5 Kommunikationspolitik

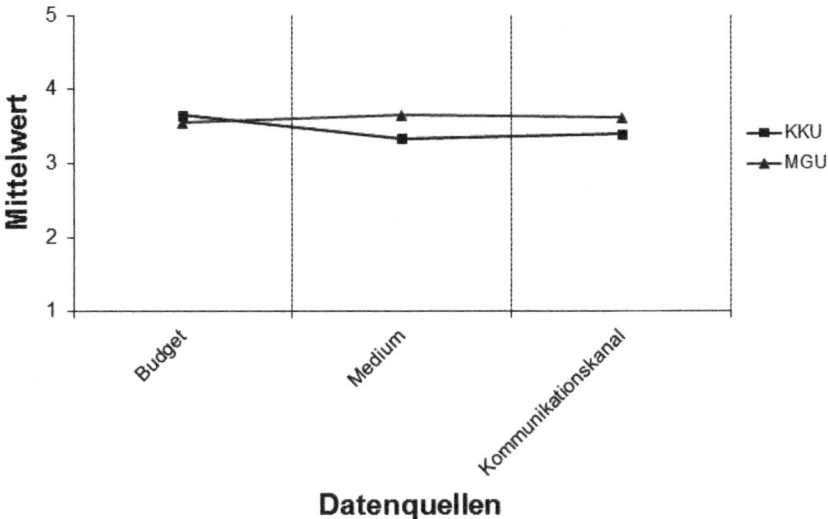

Datenquellen

Abb. 11.20 Entscheidungsverhalten in der Kommunikationspolitik und Unternehmensgröße

Über alle Inhalte wird zumeist rational entschieden: **Budget** (sehr rational: 10%; rational: 46%), **Medium** (sehr rational: 6%; rational: 43%) und **Kommunikationskanal** (sehr rational: 3%; rational: 43%).

Kontrastiert mit der **Unternehmensgröße** ergibt sich das in Abb. 11.20 dargestellte Bild.

Bzgl. der **Unternehmensgröße** zeigt sich, dass MGU Entscheidungen über das Medium sowie den Kommunikationskanal rationaler treffen als KKU. Interessant ist hier, dass im Gegensatz zur Produkt- und Preispolitik MGU rationaler vorgehen. Die Argumentation der größeren Erfahrung von MGU bleibt zwar weiter haltbar, in Bezug auf die Kommunikation kleiner Unternehmen bestätigt eine andere Studie zu KMU, dass ein Trend hin zu kleineren Budgets festzustellen ist und somit entsprechend **weniger Mittel** zur Erhebung grundlegender Daten und Informationen als Basis zur Verfügung stehen, weshalb auch keine rationale Entscheidung getroffen werden kann. Lediglich das **Werbebudget** erfährt eine **Kürzung** in KMU und muss entsprechend gut geplant im Sinne von rational entschieden werden (vgl. Seign 2013, S.6).

11.6 Marketing-Controlling

Das Marketing-Controlling, als Teilgebiet des betrieblichen **Controllingsystems**, „dient der Unterstützung des Marketing-Managements bei der Erfüllung seiner Führungsaufgaben mit der Zielsetzung, Effizienz und Effektivität der Marketing-Management-Prozesse zu gewährleisten." (Sander 2004, S. 779). Die Aufgaben umfassen die Informationsversorgung, Planungsunterstützung sowie die Marketing-Kontrolle (vgl. Sander 2004, S. 779 ff.).

Betriebliche Entscheidungen hängen in den meisten Fällen von **Zahlen** ab, werden dadurch begründet oder regen diese an, wobei, getreu dem Motto, je mehr Zahlen, desto bessere Entscheidungen', eine wachsende Zahlenmenge nicht immer sinnvoll erscheint. Bedeutend ist, dass der wesentliche Nutzen von Kennzahlen, u.a. auch im Marketing und Vertrieb, die Reduktion der **Komplexität** sicherstellt und eine Entscheidungshilfe liefert (vgl. Preissner 2000, S. 1).

Zunächst stellt sich jedoch die Frage, ob mittelständische Unternehmen ein **Marketing-Controlling** aufweisen (siehe Abb. 11.21).

Die Mehrheit mit 59 % verfügt nicht über ein Marketing-Controlling und plant auch **zukünftig keins**. Weitere 19 % verfügen ebenso wenig über ein Marketing-Instrument, **planen** dieses jedoch. Lediglich 20 % der befragten Unternehmen **bejahen** diese Frage, 2 % machen keine Angabe. Kommentiert werden die Angaben der Unternehmen, die kein Marketing-Controlling nutzen damit, dass lediglich eine Kontrolle oder Budgetkontrolle stattfinde. Auch ein **Experte** erklärt, dass es oftmals nur ein informelles Controlling gäbe.

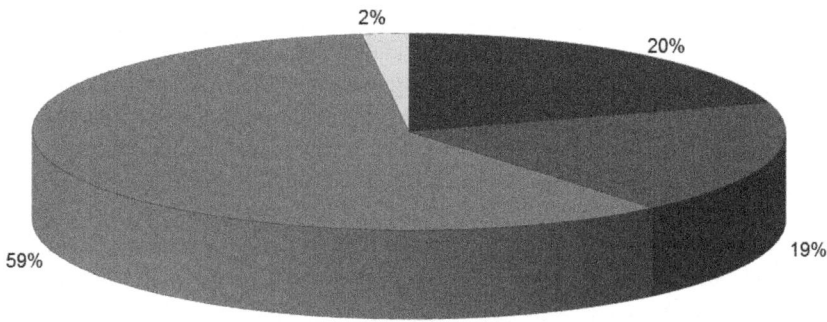

Abb. 11.21 Existenz eines Marketing-Controllings [$N=70$]

11.6 Marketing-Controlling

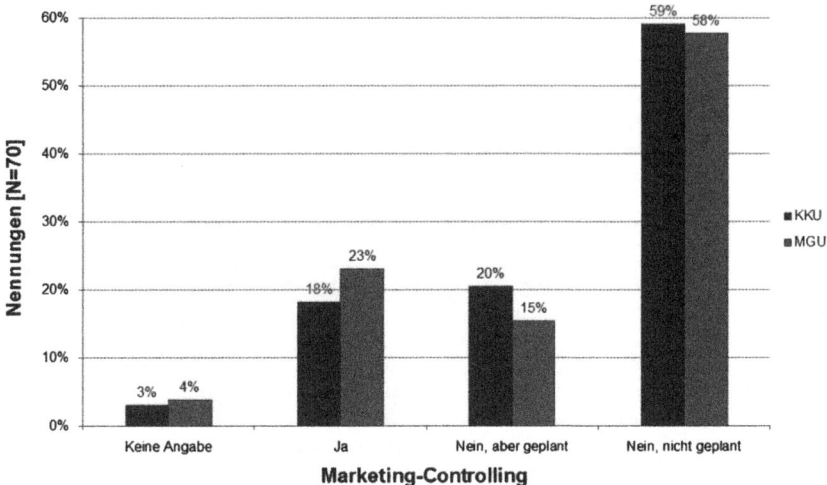

Abb. 11.22 Existenz eines Marketing-Controllings und Unternehmensgröße

Den **Mittelstandsvergleich** zwischen MGU und KKU zeigt Abb. 11.22. Es ist zu erkennen, dass MGU eher ein Marketing-Controlling aufweisen, wobei jedoch kein gravierender **Unterschied** festzustellen ist.

Eine geringere Relevanz des Controllings mit abnehmender Unternehmensgröße geht bereits aus einer Studie des *Deloitte Mittelstandsinstituts* zur Unternehmensführung und Controlling im Mittelstand hervor (vgl. Becker et al. 2008, S. 8). In Bezug auf das Marketing-Controlling, im Falle der Anwendung, findet im Mittelstand oft eine **Verwirklichung im Gegenstromverfahren** statt, indem einmal im Quartal ein Treffen zwischen vernetzten Controlling-Kreisen, wie dem Markt, dem Personal, den Finanzen oder auch dem Marketing, stattfindet. Diese Art „**Self-Controlling**" ist grundsätzlich auf sachlich fundierte Informationen, unter der Leitung des Geschäftsführers, gestützt (vgl. Renker 2009, S. 269).

Hinsichtlich der verschiedenen **Strategie-Typen** zeigt sich das in Abb. 11.23 widergegebene Ergebnis.

Die Strategie-Typen differenzieren sich hinsichtlich der Existenz eines Marketing-Controllings nicht wesentlich. Lediglich der **Analyzer** weist vollständig ein Marketing-Controlling auf. Erstaunlich ist dieses Ergebnis in Anbetracht dessen, dass auch der **Defensor**, als Vertreter der Stabilität und Kontrolle zumeist nicht über ein Marketing-Controlling verfügt.

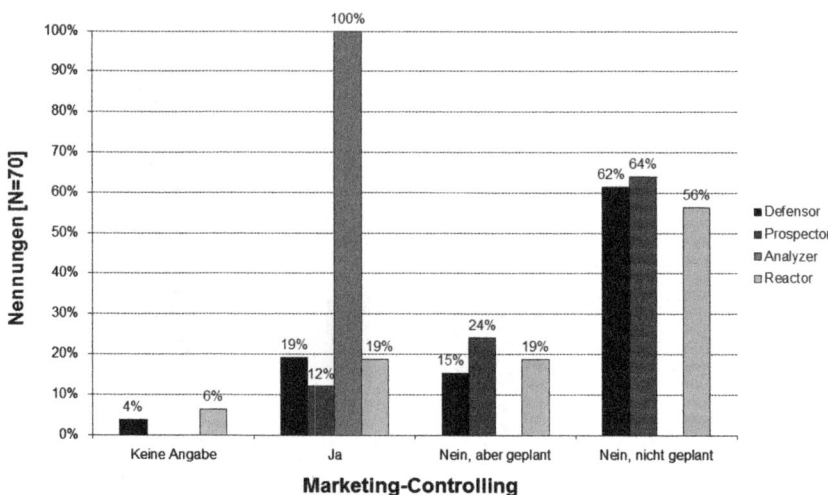

Abb. 11.23 Existenz eines Marketing-Controllings und Strategie-Typen

Instrumente im Rahmen des Marketing-Controllings werden differenziert in sowohl **strategische** als auch **operative** Instrumente. Erste umfassen u.a. Konkurrenz-, Branchen-, Kundenzufriedenheits- oder Mitarbeiterzufriedenheitsanalysen sowie strategische Produktportfolios. Operative Instrumente umfassen primär die vier Marketinginstrumente im Sinne von Preisanalysen, Verkaufserfolgsanalysen oder Produkt-/Servicequalitätsanalysen. Diese Daten beruhen zumeist auf **interner Kostenrechnung** eines Unternehmens. Des Weiteren existieren noch diverse Instrumente der Marketingkontrolle sowie des Marketingaudits (vgl. Reinecke 2006, S. 91 ff.).

Welche Instrumente mittelständische Unternehmen im Rahmen ihrer Marketing-Controlling-Aktivitäten nutzen, wurde in einer offenen Fragestellung ermittelt. Die Probanden geben jeweils **drei Instrumente** zu Protokoll. Diese werden in Abb. 11.24 nach ihrer Orientierung differenziert.

Die mittelständischen Unternehmen, die ein Marketing-Controlling aufweisen sowie 9 weitere, geben zumeist **innenorientierte Instrumente**, wie u.a. eine Kosten-Nutzen-Analyse oder ein Soll-Ist-Vergleich, an. **Absatzmarktorientierte Instrumente** werden weniger häufig genutzt, ebenso wie wettbewerbsorientierte Instrumente.

11.7 Zwischenfazit

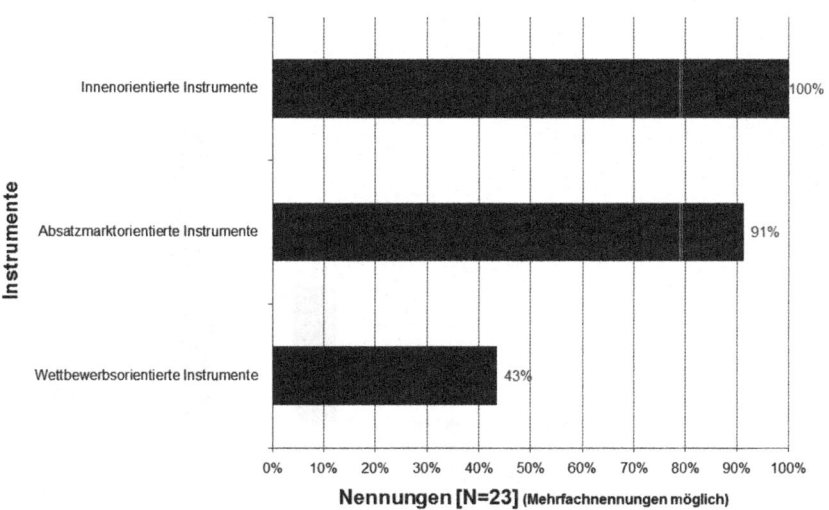

Abb. 11.24 Instrumente des Marketing-Controllings

11.7 Zwischenfazit

Zusammengefasst zeigt sich, dass die Entscheidungen im Marketing/Vertrieb, die zumeist vom **Top-Management** getroffen werden, eher rationaler Natur sind. Im Fokus steht dabei, neben der Analyse der Situation sowie der Formulierung von Zielen im Rahmen der Marketingplanung, die Produkt- sowie Preispolitik, während die anderen zwei Instrumente des Marketing-Mix, die Kommunikations- und Distributionspolitik, von untergeordneter Bedeutung sind.

In Bezug auf die Art und Weise der Entscheidungsfindung im Sinne von rational oder intuitiv ist auffällig, dass, je bedeutender die Entscheidung ist, diese umso eher auch **rational** und weniger intuitiv getroffen wird. Somit sichern sich mittelständische Unternehmen in ihrer Entscheidungsfindung eher ab; in Widerspruch dazu steht jedoch die Tatsache, dass nur wenige ein **Marketing-Controlling** aufweisen. Dieses würde die Entscheidungsfindung durch die Versorgung mit notwendigen **Informationen** unterstützen. Ob dies jedoch eine Not erfährt, zeigt die letzte Frage zum Marketing/Vertrieb über die **Zufriedenheit** mit den getroffenen Entscheidungen in diesem Funktionsbereich (siehe Abb. 11.25).

Die Abb. 11.25 verdeutlicht, dass zwar 57 % mit ihren Entscheidungen **zufrieden** sind, jedoch nur 7 % **sehr zufrieden** sowie 24 % **weder zufrieden noch unzufrieden**. Zudem ist jeweils 1 % **unzufrieden** bzw. **sehr unzufrieden** mit ihren Entscheidungen. 10 % geben keine Antwort auf diese Fragestellung.

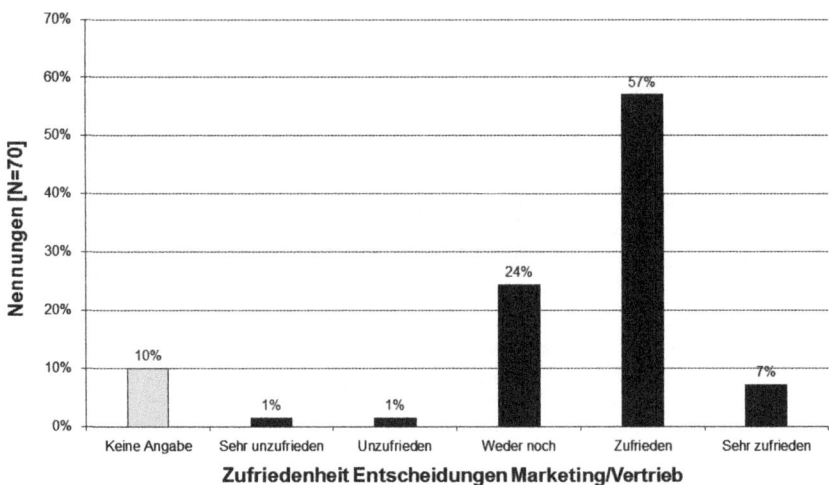

Abb. 11.25 Zufriedenheit mit Entscheidungen

Dieses Ergebnis zeigt also noch **Verbesserungsbedarfe** im Rahmen des Marketing und Vertriebs. Neben dem **Marketing-Controlling** zeigen auch andere inhaltliche Fragestellungen Verbesserungsbedarfe auf. So konzentriert sich die Datenlage in mittelständischen Unternehmen primär auf **interne Quellen**, wobei die Betrachtung und Bewertung externer u.a. zur Interpretation interner Daten unumgänglich ist. Zudem öffnet sich der Mittelstand noch nicht für den **elektronischen Weg** der Distribution und Kommunikation, durch dessen Nutzung jedoch Chancen im Hinblick auf neue Geschäftsfelder, Kunden und steigenden Umsatz bestehen.

Im **Größenvergleich** der teilnehmenden Unternehmen zeigt sich, dass gerade die größeren Unternehmen (MGU) hinsichtlich ihrer Entscheidungen eher intuitiv im Vergleich zu KKU handeln, obwohl ihnen im Vergleich mehr Daten und Informationen zur Verfügung stehen. Ob sie damit genauso zufrieden sind wie KKU, zeigt der **Kontrast** in Abb. 11.26.

Die **Zufriedenheit** scheint ähnlich, sehr zufrieden sind jedoch nur KKU. Auch ein Experte bestätigt diese Zufriedenheitstendenz. Somit wird zum Ende des Kapitels deutlich, dass zunehmende Professionalität, gemessen an der Unternehmensgröße, augenscheinlich gleichbedeutend mit abnehmender rationaler Entscheidungsfindung, trotz differenzierterer Informationsmenge ist. Entsprechend stellt sich die Frage, ob zu **viele Informationen** vorliegen, die eine rationale Entscheidung erst gar nicht mehr möglich machen, oder aber die Wahrnehmung von Infor-

Literatur

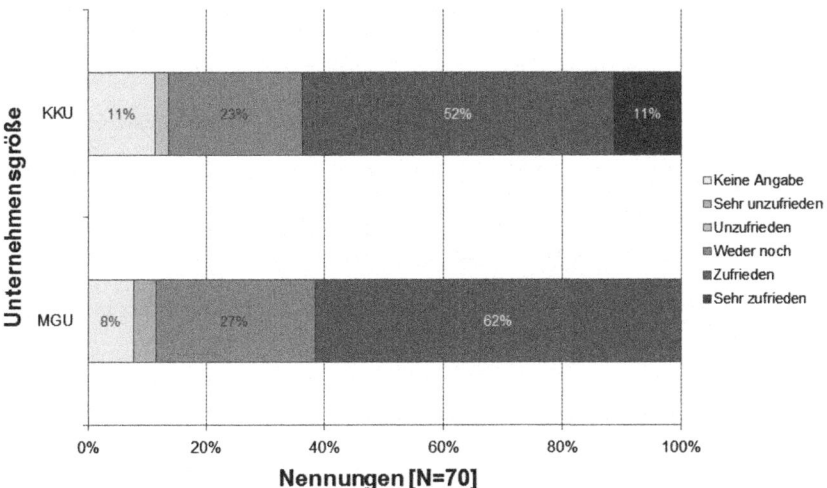

Abb. 11.26 Zufriedenheit und Unternehmensgröße

mation und **Entscheidungsverhalten verzerrt** ist, denn Fakt scheint, dass MGU in ihrem Entscheidungsverhalten ein wenig unzufriedener sind als KKU.

Literatur

Becker, W., Staffel, M., und Ulrich, P. 2008. *Unternehmensführung und Controlling im Mittelstand: Einflüsse von Unternehmensgröße und Leitungsstruktur*. Bamberg: Deloitte Mittelstandsinstitut an der Universität Bamberg.
Busch, R., Fuchs, W., und Unger, F. 2008. *Integriertes marketing. Strategie, organisation, instrumente*. 4. Aufl. Wiesbaden: Gabler.
Bruhn, M. 2010. *Marketing. Grundlagen für Studium und Praxis*. 10. Aufl. Wiesbaden: Springer.
Göb, J. 2010. *Marketing Intelligence. Gestaltungsempfehlungen zur Verbesserung der Entscheidungsunterstützung im Marketing*. Wiesbaden: Gabler.
Haase, K. 2006. *Koordination von Marketing und Vertrieb. Determinanten, Gestaltungsdimensionen und Erfolgsauswirkungen*. Wiesbaden: Springer.
Hesse, J., Neu, M., und Theuner, G. 2007. *Marketing. Grundlagen*. 2. Aufl. Berlin: Berliner Wirtschafts-Verlag GmbH.
Homburg, C., und Bruhn, M. 2008. Kundenbindungsmanagement – Eine Einführung in die Theoretischen und Praktischen Problemstellungen. In *Handbuch Kundenbindungsmanagement*. 6. Aufl., Hrsg. M. Bruhn. Wiesbaden: Springer.
Homburg, C., und Wieseke, J. 2011. Professionelles Vertriebsmanagement – Der Status Quo in Forschung und Praxis. In *Handbuch Vertriebsmanagement: Strategie, Führung,*

Informationsmanagement, CRM, Hrsg. C. Homburg und J. Wieseke, 3–34. Wiesbaden: Springer.

Janßen, O. 2012. *Herausforderungen 2013 der Marketingentscheider in B2B Unternehmen.* Bielefeld.

Kahle, E. 2009. *Strategie – Erfolgsfaktor für den Mittelstand Begleitstudie zum Axia-Award 2008 in Norddeutschland*

Kraft, M. 1995. *Außendienstentlohnung im Licht der Neuen Institutionenlehre.* Wiesbaden: Springer.

Meffert, H., Burmann, C., und Kirchgeorg, M. 2012. *Marketing. Grundlagen Marktorientierter Unternehmensführung; Konzepte – Instrumente – Praxisbeispiele,* 12. Aufl. Wiesbaden: Springer

Meffert, H. 1978. Das Produkt-Mix. In *Handbuch Marketing,* Hrsg. Koinecke, J., 517–529. Gernsbach: Deutscher Betriebswirte-Verlag

Nieschlag, R., Dichtl, E., und Hörschgen, H. 2002. *Marketing.* 19. Aufl. Berlin: Duncker & Humblot.

Olbrich, R., und Battenfeld, D. 2007. *Preispolitik. Ein einführendes Lehr- und Übungsbuch.* Berlin: Springer.

Pepels, W. 2012. *Handbuch des Marketing.* 6. Aufl. München: Oldenbourg Wissenschaftsverlag.

Pfau, W. 2007. *Mittelstandsstudie zur Strategischen Kompetenz von Unternehmen.* Clausthal-Zellerfeld: Haufe.

Preissner, A. 2000. *Marketing- und Vertriebssteuerung. Planung und Kontrolle mit Kennzahlen und Balanced Scorecard.* München: Carl Hanser.

Reinecke, S. 2006. *Handbuch Marketing-Controlling. Effektivität und Effizienz einer Marktorientierten Unternehmensführung.* 2. Aufl. Wiesbaden: Gabler.

Renker, C. 2009. *Marketing im Mittelstand. Anforderungen, Strategien, Maßnahmen.* 3. Aufl. Berlin: Erich Schmidt.

Roleff, R. 2001. *Marketing für die Marktforschung.* Wiesbaden: Springer

Runia, P. 2011. *Marketing. Eine prozess- und praxisorientierte Einführung.* 3. Aufl. München: Oldenburg.

Sander, M. 2004. *Marketing-Management: Märkte, Marktinformationen und Marktbearbeitung.* Stuttgart: Utb GmbH.

Schwalbe, H. 1990. *Marketing-Praxis für Klein- und Mittelbetriebe.* 6. Aufl. Freiburg im Breisgau: Haufe.

Seign, S. 2013. *Mittelstand und Werbung 2012. Teil 1: Wie digital sind deutsche KMU?* Planegg-Martinsried

Winkelmann, P. 2013. *Marketing und Vertrieb. Fundamente für die Marktorientierte Unternehmensführung.* 8. Aufl. München: Oldenburg.

Bewertung der Entscheidungen 12

Das vorliegende Kapitel widmet sich der Betrachtung der **Entscheidungsqualität**. Obwohl der Erfolg von Unternehmen ein wesentliches Konstrukt in der betriebswirtschaftlichen Forschung darstellt, gibt es keine **allgemein akzeptierte** Konvention zur **Messung** desselben (vgl. Wältermann 2008, S. 15). Vielmehr kann die **Entscheidungsqualität** in mehrerlei Hinsicht betrachtet werden.

Erfolg kann als das positive Ergebnis von Handlungen und Entscheidungen beschrieben werden. Er stellt immer eine relative Größe dar, welche sich explizit oder implizit auf andere, interne oder externe Referenzgrößen stützt (vgl. Jenner 1999, S. 234). Besonders in der angloamerikanischen Literatur, aber vermehrt auch im deutschen Schrifttum, wird der Begriff **Performance** anstelle des Erfolgsbegriffs verwendet. Obwohl Performance grundsätzlich zunächst das Gleiche beschreibt – nämlich eine positive Größe hinsichtlich bestimmter Ziele oder anderer Referenzobjekte – ist der Begriff grundsätzlich weiter gefasst (vgl. Hilgers 2009, S. 9 ff.). Er verdeutlicht implizit, dass Erfolg sich erst durch ein **multidimensionales Set** von Einflussfaktoren ergibt und nicht nur in einem rein monetären Sinne auf der **Gesamtunternehmensebene** verstanden werden kann (vgl. Neely et al. 1995, S. 80; Gilles 2005, S. 14 ff.).

Erfolgsmaße dienen dazu, abstrakt formulierte Ziele quantifizierbar zu machen, um eine zahlenmäßige Beurteilung des Erfolgs, der zugrundeliegenden Handlungen, oder des zugrundeliegenden **Objekts** zu ermöglichen (vgl. Gilles 2005, S. 21 ff.).

Zur Beurteilung des Erfolgs kann, in Abhängigkeit des Untersuchungsobjektes, zwischen zwei Perspektiven gewählt werden. **Objektive Erfolgsmaße** informieren in Form von Daten und Fakten, welche auch durch Dritte erfassbar sind (vgl. Rohn 2006, S. 101). **Subjektive Erfolgsmaße** werden mit Hilfe von Befragungen erfasst und messen einen qualitativen oder quantitativen Sachverhalt mittels subjektiver Beurteilung (vgl. Jenner 1999, S. 235).

Die Ergebnisse der unternehmerischen Entscheidungen werden auf zwei Arten erfasst: durch das Unternehmensergebnis und die Entscheidungsqualität.

12.1 Unternehmensperformance

Venkatraman/Ramanujam nehmen eine Kategorisierung von Erfolgsmaßen anhand drei verschiedener hierarchisch miteinander verknüpfter Ebenen vor (vgl. Venkatraman und Ramanujam 1986, S. 802 ff.; Rohn 2006, S. 1101 f.): **Finanzieller Erfolg** misst die Erreichung von ökonomischen Zielen des Unternehmens anhand von monetären Größen wie Umsatz, ROI oder Aktienrenditen. **Operationaler Erfolg** hingegen zielt auf die Beurteilung der Leistungssphäre eines Unternehmens ab. **Organisationale Effektivität** schließlich misst den Erreichungsgrad der von einer Organisation verfolgten Ziele insgesamt.

Metaanalysen verdeutlichen die Vielfalt existierender Operationalisierungen des Unternehmenserfolgs: *Brush/Vanderwerf* identifizierten in einer Untersuchung von 34 verschiedenen Studien aus dem Entrepreneurship-Bereich, welche den **Unternehmenserfolg** als **abhängige Variable** nutzten, 35 verschiedene Erfolgsmaße (vgl. Brush und Van der Werf 1992, S. 159). Diese Mehrdimensionalität des Erfolgskonstrukts wird von einer Reihe weiterer Autoren hervorgehoben. So verwenden bspw. *Gupta/Govindarajan* in ihrer Untersuchung zwölf „performance dimensions" (vgl. Gupta und Govindarajan 1984, S. 34).

Die Verwendung **objektiver Erfolgsmaße** bspw. aus der Buchhaltung, ist jedoch nicht immer uneingeschränkt möglich. *Dess/Robinson* identifizieren **zwei Problemfelder**: Für die Untersuchung großer Unternehmen mit mehreren Geschäftseinheiten in verschiedenen Branchen bestehe das Problem für den Forscher darin, die verschiedenen Größen wie Anlagevermögen, Umsatz etc. den in verschiedenen Industrien tätigen Geschäftseinheiten zuzuordnen (vgl. Dess und Robinson 1984, S. 266).

Bei der Untersuchung **kleiner Firmen** herrschen dagegen andere Probleme vor: Häufig stehen hier die benötigten **Informationen** nicht zur Verfügung. Gelingt es doch einmal, von Unternehmen in Privatbesitz die **gewünschten Zahlen** zu erhalten, bleibt die Gefahr der Manipulation durch den Eigentümer. Auch ohne diese Unterstellung werden bei kleineren Firmen in Privatbesitz oft nicht direkt vergleichbare Buchhaltungsrichtlinien angewendet (vgl. Dess und Robinson 1984, S. 267).

Davon abgesehen weisen *Hawawini et al.* darauf hin, dass die Verwendung von reinen **Accounting-Kennzahlen** nicht ausreichend ist, um Erfolg im Sinne von **Wertschöpfung** abzubilden (vgl. Hawawini et al. 2003, S. 1). Die gesamte Wert-

12.1 Unternehmensperformance

schöpfung sollte das wesentliche **Erfolgskriterium** für Unternehmen sein (vgl. Coff 1999, S. 122; Carton und Hofer 2006, S. 3). Eine Möglichkeit, die genannten Probleme zu umgehen, ist die Verwendung **subjektiver Erfolgsmaße**. Anders als die in der Regel auf finanz- bzw. marktbezogenen Kennzahlen beruhenden objektiven Erfolgsmaße, zielen die subjektiven Erfolgsmaße auf die persönliche Einschätzung der Befragten zum Unternehmen ab (vgl. Claas 2006, S. 164).

Auf Basis dieser Argumentation werden die Probanden in der vorliegenden Untersuchung gefragt, wie zufrieden sie mit den folgenden **10 Dimensionen** im Vergleich zu ihrem stärksten Wettbewerber sind (vgl. dazu Abb. 12.1).

Mit dem **Grad der Kundenloyalität** (sehr zufrieden: 30%; zufrieden: 42%) und der **Unternehmentwicklung** (sehr zufrieden: 23%; zufrieden: 47%) sind die Unternehmen im Vergleich zu ihren stärksten Mitbewerbern zufrieden. Mit dem **Produkterfolg** (sehr zufrieden: 11%; zufrieden: 48%), der **Wachstumsrate** (sehr zufrieden: 20%; zufrieden: 36%) und dem **Marktanteil** (sehr zufrieden: 11%; zufrieden: 41%) ergeben sich kleine Unzufriedenheiten. Am größten scheint der Nachholbedarf auf Seite der **Profitabilität** (sehr zufrieden: 8%; zufrieden: 35%), den **akquirierten Neukunden** (sehr zufrieden: 5%; zufrieden: 30%) und den **Marketingaktivitäten** (sehr zufrieden: 3%; zufrieden: 26%).

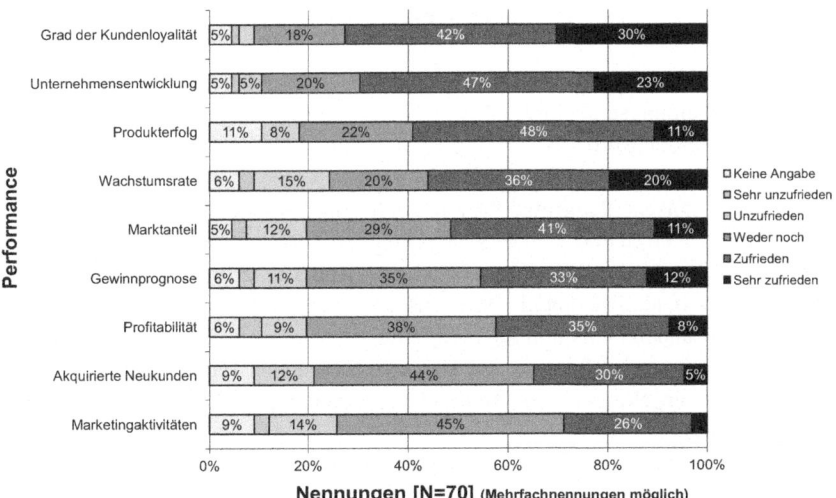

Abb. 12.1 Unternehmensperformance

Zur Einteilung der Unternehmen in **erfolgreiche** und **weniger-erfolgreiche** wird der **Summenwert** aus allen Dimensionen herangezogen. Der Median von 32 determiniert dann die Unternehmen, die über-par und unter erfolgreich sind.

12.2 Entscheidungsperformance

Die **Entscheidungsqualität** repräsentiert einen wesentlichen Schritt auf dem Weg zum Unternehmensergebnis und stellt das unmittelbare Resultat des Entscheidungsprozesses dar.

Entscheidungsqualität ist das Ausmaß, mit dem eine Entscheidung in Ergebnis und Prozessablauf der individuellen Präferenzstruktur des Entscheiders entspricht.

Indem die **Entscheidungsqualität** als Übereinstimmung von individuellen Präferenzen mit der Entscheidung gekennzeichnet wird, erhält sie den Charakter eines internen, subjektiven Kriteriums für die Güte der Entscheidung. Die Entscheidungsqualität ist also keine objektive Größe, die durch intersubjektiven Konsens zustande kommt, sondern eine **subjektive Größe**, die die unterschiedlichen Zielstrukturen der Entscheidungsträger berücksichtigt (vgl. Schopphoven 1996, S. 112).

Aus dem hier erörterten Verständnis von Entscheidungsqualität ergeben sich drei Elemente, die durch das **Messinstrument** erfasst werden müssen:

1. die Zielhierarchie;
2. das Entscheidungsergebnis;
3. der Entscheidungsprozess.

Vollständige Entscheidungsqualität lässt sich grundsätzlich nur unter Beachtung aller Teilgrößen erreichen. Bei der Analyse der Qualität der Entscheidung bedarf es jedoch zunächst der separaten Betrachtung der Kongruenzen zwischen Zielhierarchie und Entscheidungsergebnis einerseits, zwischen Zielhierarchie und Entscheidungsprozess andererseits und auch der Konsistenz der im Entscheidungsprozess angewendeten Entscheidungsregeln. Diese verschiedenen Teilbereiche werden im Folgenden als **ergebnisorientierte** und **prozessorientierte Entscheidungsqualität** bezeichnet.

Eine Teilanalyse der Qualität von Entscheidungen (**ergebnisorientiert**) umfasst den Tatbestand, inwieweit das erzielte Entscheidungsergebnis (dieses wird hier mit der gewählten Entscheidungsalternative gleichgesetzt) eine angemessene Zielkonformität bringt. Bei dieser Partialanalyse handelt es sich um die Überprüfung der **Kongruenz** von **Zielhierarchie** und **Ergebnisausprägung**.

12.2 Entscheidungsperformance

Die Basis der Konzeptualisierung der **prozessorientierten Entscheidungsqualität** bildet die kognitionstheoretische Erkenntnis, dass die Kapazität des Kurzzeitspeichers begrenzt ist. Diese Beschränkung des Kurzzeitspeichers führt zu einer begrenzten Fähigkeit zur Aufnahme und Verarbeitung von Informationen durch den menschlichen Organismus. Als Folge der Konfrontation der eingeschränkten Kapazität des Arbeitsspeichers mit der Komplexität der Realität ergibt sich für die Entscheider ein **Allokationsproblem** derart, dass die zur Verfügung stehende Kapazität zwischen verschiedenen Aktivitäten innerhalb des Informationsaufnahmeprozesses aufgeteilt werden muss. Ein grundlegender Effekt dieses Allokationsproblems wird in der bewussten Entwicklung von Kontrollschemata, z. B. Selektionsstrategie, durch Entscheider gesehen.

Die **Entscheidungsqualität** wird in der vorliegenden Studie zunächst global erfasst. Die Probanden werden gefragt, wie **zufrieden** Sie subjektiv mit der **Entscheidungsqualität** in ihrem Unternehmen sind (siehe dazu Abb. 12.2).

Es zeigt sich, dass 73 % der Antwortenden mit der Entscheidungsqualität **zufrieden** sind. 11 % sind **sehr zufrieden** und 10 % sind **weder** zufrieden **noch** unzufrieden. Die Studie von *Forchhammer* zeigt, dass 55 % der Mitarbeiter und Fachkräfte sehr unzufrieden bis unzufrieden mit der gesamten Entscheidungskultur und -qualität sind (vgl. Forchhammer 2010, S. 2).

Neben dieser **subjektiven Einschätzung** der Entscheidungsqualität kann diese noch von weiteren Seiten beleuchten werden. Die Probanden werden gefragt, wie

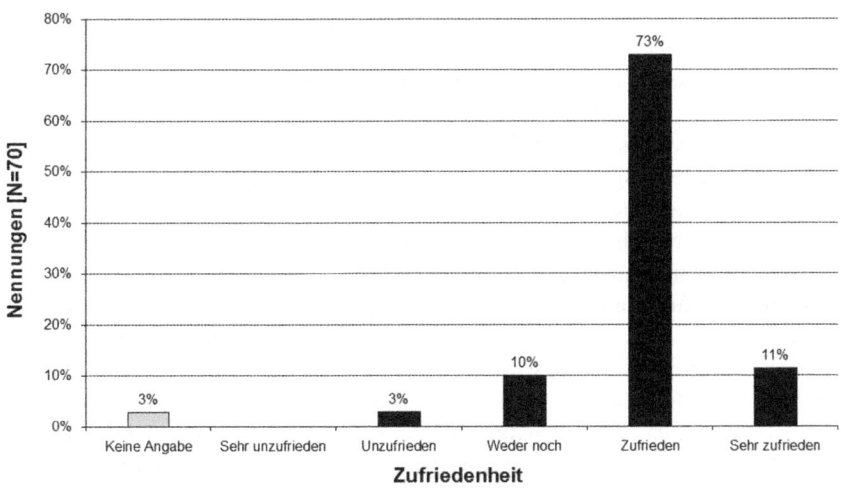

Abb. 12.2 Zufriedenheit mit der Entscheidungsqualität

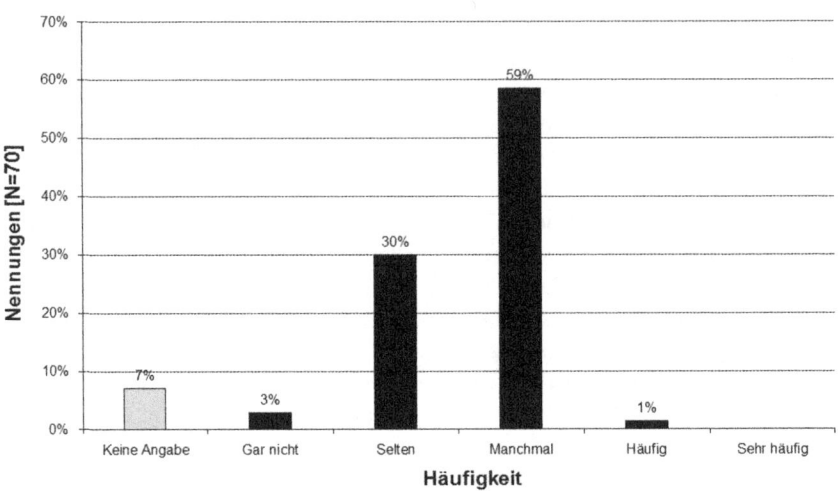

Abb. 12.3 Häufigkeit der Falsch-Entscheidungen

häufig sich Entscheidungen im **Nachhinein** als **falsch** herausstellen (siehe dazu Abb. 12.3).

59 % der Befragten aus mittelständischen Unternehmen räumen ein, dass sich **manchmal** Entscheidungen im Nachhinein als falsch herausstellen. 30 % sagen dies sei **selten** der Fall. Bei einem Prozent kommt dies nach eigenen Angaben **häufig** vor und bei 3 % **gar nicht**. 7 % der Befragten machen hierzu keine Angabe.

Mittelständische Unternehmen, so zeigt *Forchhammer*, revidieren selten falsche Entscheidungen (vgl. Forchhammer 2010, S. 6).

Gefragt nach den **Nachholbedarfen** im Rahmen des Entscheidungsprozesses und möglichen Verbesserungsbedarfen, wird den Probanden ein Katalog von **Maßnahmen** vorgelegt. Sie sollen auf einer 5-stufigen Likert-Skala das Ausmaß ihrer Betroffenheit angeben (Abb. 12.4).

Die größten Nachholbedarfe sehen die Antwortenden im Rahmen der **Prozessverbesserungen** (sehr stark: 11 %; stark: 43 %), der **Bereinigung/Qualitätssicherung der internen Daten** (sehr stark: 7 %; stark: 40 %) und im verstärkten **IT-Einsatz** (sehr stark: 4 %; stark: 39 %). Weniger groß sind die Nachholbedarfe im Rahmen des **Einbezugs** weiterer **Entscheidungsträger** (sehr stark: 1 %; stark: 14 %), der verstärkten **Einbindung externer Datenquellen** (sehr stark: 0 %; stark: 13 %) und der verstärkten **Nutzung externer Expertise** (sehr stark: 0 %; stark: 9 %).

In Abb. 12.5 werden die obigen Ergebnisse nach **Unternehmensgröße** kontrastiert.

12.2 Entscheidungsperformance

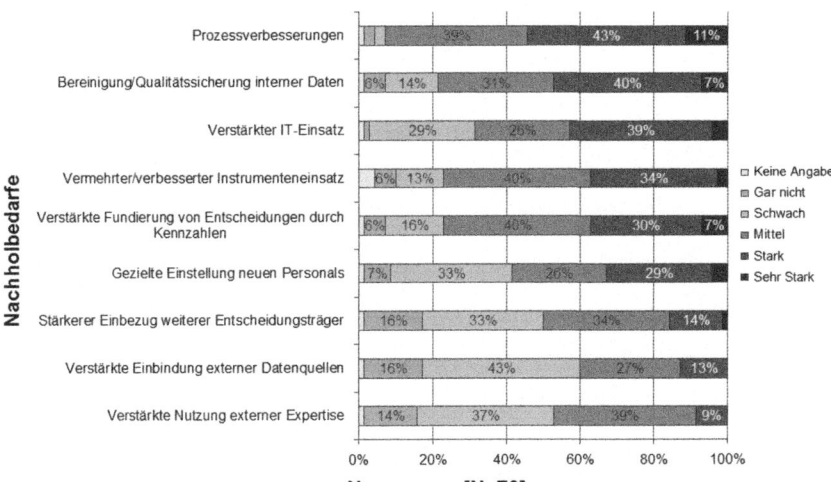

Abb. 12.4 Nachholbedarfe

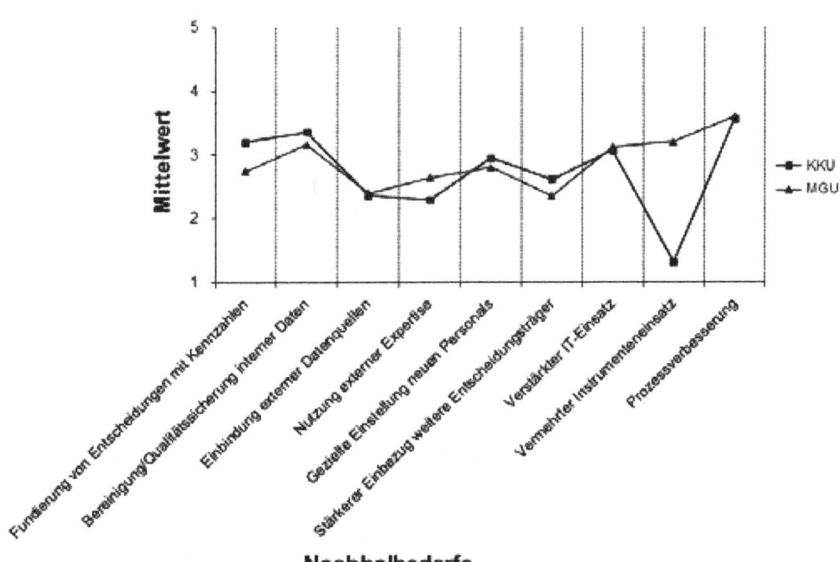

Abb. 12.5 Nachholbedarfe nach Unternehmensgröße

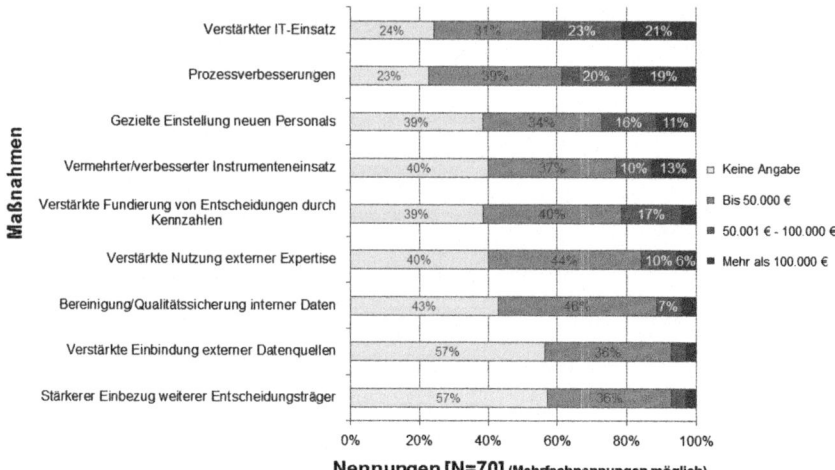

Abb. 12.6 Budget für verschiedene Maßnahmen

Insbesondere fällt auf, dass in **KKU** der vermehrte Instrumenteneinsatz weniger als Nachholbedarf eingeschätzt wird als in **MGU**.

Um die Aussagen über die **Nachholbedarfe** mit den tatsächlich getätigten **Investitionen** zu vergleichen, wird der gleiche Katalog den Unternehmen nochmals am Ende des Fragebogens vorgelegt. Sie sollen angeben, wie viel **Budget** sie für die **Maßnahmen** in der letzten Zeit ausgegeben haben (siehe dazu Abb. 12.6).

Es zeigt sich, dass insbesondere in den **IT-Einsatz** (mehr als 100.000 €: 21 %; 50.001–100.000 €: 23 %) investiert wird, direkt gefolgt von den **Prozessverbesserungen** (mehr als 100.000 €: 19 %; 50.001–100.000 €: 20 %). Hier haben die Unternehmen mitunter auch die größten Nachholbedarfe identifiziert.

12.3 Zwischenfazit

Die mittelständischen Unternehmen sind überwiegend mit den getroffenen Entscheidungen **zufrieden**, obwohl sich **manchmal** Entscheidungen im Nachhinein als falsch herausstellen. Die größten Nachholbedarfe sehen die Unternehmen überwiegend in den **Prozessverbesserungen**, der Bereinigung/Qualitätssicherung der internen Daten sowie dem verstärkten IT-Einsatz. Geld geben sie aber primär für Prozessverbesserungen und IT aus, die Qualitätssicherung der Daten erfolgt nicht bzw. nicht in dem Maße, wie es die vorherige Identifikation von Nachholbedarfen vermuten lässt.

Literatur

Brush, C. G., und P. A. Van der Werf. 1992. A comparison of methods and sources for obtaining estimates for new venture performance. *Journal of Business Venturing* 7:157–170.

Carton, R. B., und C. W. Hofer. 2006. *Measuring organizational performance: Metrics for entrepreneurship and strategic management research*. Cheltenham: Edward Elgar Publishing Ltd.

Claas, S. 2006. *Marktorientiertes Management in Wachstumsunternehmen*. Wiesbaden: Deutscher Universitäts-Verlag.

Coff, R. W. 1999. When competitive advantage doesn't lead to performance: The resource-based view and stakeholder bargaining power. *Organization Science* 10 (2): 119–133.

Dess, G. G., und R. B. Robinson. 1984. Measuring organizational performance in the absence of objective measures: The case of the privately-held firm and conglomerate business unit. *Strategic Management Journal* 5 (3): 265–273.

Forchhammer, L. S. 2010. *Gut entschieden? Zur Qualität von Entscheidungsprozessen in Unternehmen*. Gmund/Tegernsee: ComTeam AG.

Gilles, R. 2005. *Performance Measurement mittels Data Development Analysis: Theoretisches Grundkonzept und Universitäre Forschungsperformance als Anwendungsfall*. Lohmar: Eul Verlag.

Gupta, A. K., und V. Govinderajan. 1984. Business unit strategy, managerial characteristics, and business unit effectiveness at strategy implementation. *Academy of Management Journal* 27:25–41.

Hawawini, G., V. Subramanian, und P. Verdin. 2003. Is performance driven by industry- or firm-specific factors? A new look at the evidence. *Strategic Management Journal* 24 (1): 1–16.

Hilgers, D. 2009. Management by Performance – Konturen und Instrumente eines Leistungsorientierten Verwaltungsmanagements. *Zeitschrift für Public Policy, Recht und Management* 2:433–454.

Jenner, T. 1999. *Determinanten des Unternehmenserfolgs*. Stuttgart: Schäffer-Poeschel.

Neely, A., M. Gregory, und K. Platts. 1995. Performance measurement system design: A literature review and research agenda. *International Journal of Operations & Production Management* 15 (4): 80–116.

Rohn, A. 2006. Subjektive vs. Objektive Erfolgsmaße. In *Methodik der empirischen Forschung*, Hrsg. Sönke Albers, 99–114. Wiesbaden: Gabler.

Schopphoven, I. 1996. *Messung von Entscheidungsqualität. Konzeptualisierung, Operationalisierung und Validierung eines Meßinstrumentariums für Entscheidungsqualität*. Frankfurt a. M.: Lang.

Venkatraman, N., und V. Ramanujam. 1986. Measurement of business performance in strategy research. A comparison of approaches. *The Academy of Management Review* 11 (4): 801–814.

Wältermann, P. 2008. *Unternehmenserfolg in der Versicherungswirtschaft: Langfristige Erfolgsfaktoren in der Assekuranz*. Berlin: Erich Schmidt.

Fazit 13

Sowohl kapitalmarktorientierte Großunternehmen als auch mittelständische Unternehmen müssen sich zunehmend Herausforderungen stellen, die die langfristige Existenzsicherheit bedrohen. Insbesondere die Unternehmensumwelt, welche durch zahlreiche Megatrends wie Big Data, Digitalisierung, Data Analytics und Industrie 4.0 gekennzeichnet ist, stellt die Unternehmensführung bzw. die Entscheidungsträger vor weitreichende Probleme. Data Analytics bieten in diesem Zusammenhang eine Möglichkeit, der steigenden Datenmenge zu begegnen und dadurch die unternehmerische Wertschöpfung zu sichern.

Wie das vorliegende Werk verdeutlicht hat, werden in Unternehmen zahlreiche strategische Entscheidungen getroffen, wie z. B. die Erschließung neuer Märkte oder die Veränderung des Produktportfolios. In Zukunft werden Unternehmen jedoch vornehmlich vor der strategischen Entscheidung stehen, Produkte, Prozesse oder gar gesamte Geschäftsmodelle zu digitalisieren, wodurch weiterer Forschungsbedarf entsteht, insbesondere hinsichtlich der Ausgestaltung des Entscheidungsprozesses. In diesem Zusammenhang ist insbesondere eine deskriptive Forschung zu befürworten. Unabhängig davon welche strategischen Entscheidungsprozesse betrachtet werden, zeichnen sich diese – im Sinne eines kleinsten gemeinsamen Nenners – dadurch aus, dass sie auf die Existenzsicherung des Unternehmens abzielen, vom Top-Management getroffen werden, auf Erfolgspotenziale ausgerichtet und darüber hinaus komplex und unstrukturiert sind, sowie einen großen Einfluss auf das gesamte Unternehmen besitzen. Bezugnehmend auf das Top-Management stellt sich forschungsseitig die Frage, welche Akteure an derartigen Entscheidungen partizipieren und welche Rechte Ihnen eingeräumt werden. Auch die Frage, ob Entscheidungen eher rational oder intuitiv getroffen werden, wird die Betriebswirtschaftslehre weiterhin beschäftigen. Zusätzlich werden aber auch die Aspekte der Entscheidungsdauer, Entscheidungsunterstützung und der Entscheidungsanlass weiter an Bedeutung gewinnen.

© Springer Fachmedien Wiesbaden 2016
W. Becker et al., *Data Analytics im Mittelstand,* Management und
Controlling im Mittelstand, DOI 10.1007/978-3-658-06563-8_13

Entscheidungen bedürfen nicht selten zweckorientierter Systeme, welche entsprechende Daten generieren, die dann als Information dem Entscheidungsträger zur Verfügung gestellt werden. Der Mittelstand bedient sich dabei vornehmlich traditioneller Systeme wie der Kostenrechnung oder dem Warenwirtschaftssystem. Dadurch, dass Big Data in Zukunft ungeahnte Möglichkeiten entstehen lassen wird, darf sich der Mittelstand nicht vor modernen Lösungen verschließen, um die Datenqualität möglichst hoch zu halten. Auch gilt es Unterschiede in der Datenqualität zwischen einzelnen Funktionsbereichen zu reduzieren oder gänzlich zu vermeiden.

Um letztlich das in der Betriebswirtschaftslehre so häufig diskutierte Konstrukt der Entscheidungsqualität zu erhöhen, sind Prozessverbesserungen notwendig. Diesbezüglich eignet sich insbesondere die Verwendung generalistischer Prozessmodelle, um Effektivität und Effizienz zu sichern. Die Messung der Entscheidungsqualität wird auch in Zukunft ein kontrovers diskutiertes Problem darstellen. Auch wenn die Literatur eine Kombination objektiver und subjektiver Indikatoren postuliert, ist jedoch stets zu hinterfragen, ob das Ergebnis einer Entscheidung oder der Entscheidungsprozess bewertet werden soll. Steht das Ergebnis einer Entscheidung im Vordergrund, ist eine Mischung durchaus zweckorientiert und könnte ggfs. auch um Aspekte einer Längsschnittbetrachtung erweitert werden. Liegt der Fokus auf dem Entscheidungsprozess, sind bspw. Aspekte wie die Zufriedenheit mit dem Entscheidungsprozess geeignet.

Abschließend kann festgehalten werden, dass die betriebswirtschaftliche Forschung und Praxis aufgrund zahlreicher Megatrends auch in Zukunft vor immer neue Herausforderungen gestellt wird. Erlösmodelle oder auch ganze Geschäftsmodelle werden sich ändern, neue Systeme (Industrie 4.0) werden zur Verfügung stehen. Die Datenmenge wird weiter exponentiell steigen und dadurch die Entscheidungsfindung stark beeinflussen. Der Mittelstand muss diese gravierenden Veränderungen frühzeitig erkennen und proaktive Maßnahmen ergreifen, um die Existenzsicherung zu gewährleisten. Chancen und Risiken verschiedener Maßnahmen sind dabei stets vor dem Hintergrund der Kosten/Nutzen-Betrachtung abzuwägen. Die Unternehmenspraxis benötigt zur Bewältigung dieser Herausforderungen stets empirische Erkenntnisse. Die Betriebswirtschaftslehre als praxisnahe Wissenschaft darf die aktuellen Entwicklungen in der Unternehmenspraxis nicht außer Acht lassen und hat daher aktuelle Themen stets in Forschungsarbeiten zu integrieren oder gar gezielt darauf auszurichten.

izenz zum Wissen.

hern Sie sich umfassendes Wirtschaftswissen mit Sofortzugriff
f tausende Fachbücher und Fachzeitschriften aus den Bereichen:
anagement, Finance & Controlling, Business IT, Marketing,
blic Relations, Vertrieb und Banking.

klusiv für Leser von Springer-Fachbüchern: Testen Sie Springer
: Professionals 30 Tage unverbindlich. Nutzen Sie dazu im
stellverlauf Ihren persönlichen Aktionscode C0005407 auf
vw.springerprofessional.de/buchkunden/

**Jetzt
30 Tage
testen!**

**Springer für Professionals.
Digitale Fachbibliothek. Themen-Scout. Knowledge-Manager.**

- Zugriff auf tausende von Fachbüchern und Fachzeitschriften
- Selektion, Komprimierung und Verknüpfung relevanter Themen durch Fachredaktionen
- Tools zur persönlichen Wissensorganisation und Vernetzung

www.entschieden-intelligenter.de

pringer für Professionals

The manufacturer's authorised representative in the EU is Springer Nature Customer Service Centre GmbH, Europaplatz 3, 69115 Heidelberg, Germany. If you have any concerns regarding our products, please contact ProductSafety@springernature.com

Printed and bound by CPI Group (UK) Ltd, Croydon, CR0 4YY

27/03/2026

02079784-0001